小学语文融合劳动教育的案例探索

屠素凤 ◎ 编著

郑州大学出版社

图书在版编目（CIP）数据

小学语文融合劳动教育的案例探索／屠素凤编著.
郑州：郑州大学出版社，2024. 9. -- ISBN 978-7-5773-
0516-5

Ⅰ. ①G622. 3

中国国家版本馆 CIP 数据核字第 2024U088X4 号

小学语文融合劳动教育的案例探索
XIAOXUE YUWEN RONGHE LAODONG JIAOYU DE ANLI TANSUO

策划编辑	胥丽光	封面设计	王　微
责任编辑	胥丽光　乔海萍	版式设计	王　微
责任校对	吴　静	责任监制	李瑞卿

出版发行	郑州大学出版社	地　　址	郑州市大学路 40 号(450052)
出 版 人	卢纪富	网　　址	http://www.zzup.cn
经　　销	全国新华书店	发行电话	0371-66966070
印　　刷	广东虎彩云印刷有限公司		
开　　本	710 mm×1 010 mm　1 / 16		
印　　张	12.25	字　　数	215 千字
版　　次	2024 年 9 月第 1 版	印　　次	2024 年 9 月第 1 次印刷

书　　号	ISBN 978-7-5773-0516-5	定　　价	56.00 元

本书如有印装质量问题,请与本社联系调换。

代 序

从"耕读传家"说起

屠素凤老师的《小学语文融合劳动教育的案例探索》,在今天无疑是一个十分重要的时代命题。它的重大价值在于:当代语文教育中必须充分重视劳动意识的培养、劳动精神的光大,以及劳动审美基本观念的重建。

应当看到,语文教育在应试体制的冲击下,应考升学的单纯功利追求,冲刷了教育的根本意义在于"立人"这一主旨。"劳动创造世界",劳动也创造了人。我们要"立人""树人",就必须重新认识"劳动创造世界"的定则在教育中的重要立人价值。语文教学是课程教学中的"主阵地",自然不能对此有丝毫的淡化。在当下,更应当视劳动教育为语文教育的主旨之一,而受到特别的关照。

在语文教育中建立和强化劳动教育,是中国语文教育历史发展的重要经验。中国历来信奉的育人主渠道是"耕读传家",所谓的"晴耕雨读",描绘的正是和平盛世普通人家的幸福生活。从"晴耕雨读"的高度归纳中,我们不难明白历史上平常人家那种理想的和平生活状态。可喜的是从对这四字短语的归纳中我们感受到原来"耕"的生存依托与"读"的精神追求是应当如此密不可分地融合在一起,乃至成为"耕读传家"的铁定模式而被奉为人类得以繁衍生息的至理名言。

由此可见,屠素凤老师的《小学语文融合劳动教育的案例探索》并非是她在教学中的一孔之见，而是道出了语文教育的本质所在，并在这一基点上对语文教育做了深入实施的战略思考。作为读者之一，我由衷地祝贺她成功！

全国著名特级教师　周贤

二〇二四年春于越中凤凰岛容膝斋

前　言

习近平总书记在 2018 年全国教育大会上提出了"培养德智体美劳全面发展的社会主义建设者和接班人"的重要论述,这一论述首次将劳动教育纳入党的教育方针,彰显了新时代对劳动精神的尊崇和倡导。为了落实这一方针,2020 年 3 月,中共中央、国务院审议通过了《关于加强新时代大中小学劳动教育的意见》,强调将劳动教育贯穿于人才培养的全过程,并覆盖大、中、小学各个学段。这一决策旨在树立正确的劳动观念,培育学生勤俭、奋斗、创新和奉献的劳动精神,并提升他们的劳动能力和培养劳动习惯。这体现了对劳动教育在促进学生全面发展、健康成长方面的重要价值的深刻认识,同时也体现了对培养能够担当民族复兴大任的时代新人的高度重视。

在当前时代背景下,学科课程与劳动教育的融合已成为迫切需求。2022 年 4 月新颁布的《语文课程标准》指出,"语文学科要为培养学生求真创新的精神、实践能力和合作交流能力,促进德智体美劳全面发展及学生的终身发展打下基础"。所以,语文课程在承担促进学生全面发展的任务时,有肩负起渗透劳动教育的使命。为此,《语文课程标准》在学科内容呈现中新增了"跨学科任务群",提出了语文要面向生活、面向社会的要求,强调语文能力要在综合实践活动中得到提升,这为语文课程渗透劳动教育指明了一条具体的操作路径。

学科课程中蕴含着丰富的劳动教育资源,语文课程犹甚,如,语文教材的选文中,有赞颂劳动精神的诗歌,有宣传劳动模范的传记,有塑造劳动者形象的小说,有随兴表现劳动情思的散文……无论是哪一种形式的文本,都能让学生感受到由文字传递的劳动意义、劳动观念和正确的劳动价值观;另一方面,语文的外延与生活等同,学生在生活中经历并探究的各种形态的劳动,也都是可以成为促进学生语文素养提升的载体或课程资源。所以,我们想要肩负起一个学科教师的育人使命,坚守语文学科的"综合性"和"实践性"特点,在语文课程实施中渗透"劳动元素",以促进学生的全面发展,而"融合"则是探索语文学科课程与劳动教育相结合的绝佳路径。

基于以上认识,我们开始了"小学语文教学融合劳动教育的实践探索"课题研究。我们认识到语文与劳动之间的紧密联系,即"劳动"在语言形式的表现中存在,而语言形式则展现着"劳动"的审美意义。为完成"促进学生德智体美劳的全面发展"的课程任务,我们尊重语文学科的特点,尝试在丰富的语言实践活动中培养学生的劳动意识和劳动观念。语文课程中的劳动教育,不以训练学生的劳动技能、劳动技术为目标,重点在于以文本为载体,养成学生面向未来生活所需要的正确劳动价值观和必备劳动品质。课题研究致力于深入挖掘语文教材中的劳动教育资源,寻找生活劳动中的语文发展素材,发现语文学科与劳动教育的共通之处,在语文学科教学中促进学生的劳动意识培养和劳动观念形成。课题以课例研究为主要方法,通过近4年的课堂实践,研究了低、中、高三个学段30多个完整课例,经过团队研讨、案例整理等行动,积极探索语文学习与劳动教育融合的可操作路径。本书是课题研究的主要成果,提出了语文学科融合劳动教育的操作策略,从教学内容、教学组织、教学设计等方面提出了语文学科融合劳动教育的有效操作方法,虽还不成系统,各章节内容间也缺少必然的内在逻辑,但呈现的大量案例分析足可为一线教师在语文学科教学中融合劳动教育起到借鉴和范例作用,同时为其他学科课程渗透劳动教育的探索提供了研究思路。

此课题是区域范围内的一个学科课程实施劳动教育的攻尖工程,我们拥有一支有教育理想、有探索热情、有教学智慧的青年教师团队,他们分别以语文课堂为实验场,经历了无数次设计、实践、研讨、改进、再实践的循环劳动,基于语文立场,挖掘有劳动元素的教学内容,尝试让学生在语言习得过程中完成劳动意义的建构。课后他们一起研讨,整理资料,撰写案例。他们为本书的成形提供了鲜活的课例与大量的资料。他们是张洁瑶、赵飞雁、沈佳琦、史丹、张卓程、傅宇琳、赵建红、王佳佳、朱苗苗、樊维维、张宝琴、邵燕青、唐燕萍、章小波、周敏、赵婷、傅佳娜、张蕾、应慧、唐丹妮、章骊等。同时,也感谢我的两位朋友——绍兴文理学院的杜海平教授和蒋洁蕾博士,在课题研究期间,他们不但给予课题无私的指导,还带着研究生一起参与课题研究,为课题的推进助力。

最后,还要特别感谢邓聘求老师,本书的出版得到了他的大力支持!

2024 年清明

目 录

第一章 语文学科与劳动教育融合的逻辑梳理

紧紧围绕"立德树人"的育人总目标,《义务教育课程方案》(2022 年版)提出了"聚焦中国学生核心素养,培养学生适应未来发展的正确价值观、必备品格和关键能力,引导学生明确人生发展方向,成长为德智体美劳全面发展的社会主义建设者和接班人"的课程实施指导思想。《义务教育课程方案(2022 年版)》明确了培养"社会主义建设者和接班人"这个大目标,即培养服务社会、为社会的发展做出贡献的劳动者,其中"德智体美劳"是对未来劳动者应具备的核心素养提出的具体要求。"德智体美劳全面发展"是对生命整体发展提出的要求,也是生命存在事件或行动的具体表现,"德智体美劳"在一个生命主体上的呈现不是简单的相加,所以"德智体美劳"的培养不能做简单的分解与组合,我们要用"德智体美劳"融合的整体思维去思考学科课程的实施,也要用"德智体美劳"融合的整体思维去思考学生的全面发展。

《语文课程标准》(2022 年版)认为:"语文课程是一门学习国家通用语言文字运用的综合性、实践性课程。"它从学科的角度,提出了未来的劳动者是有"文化自信"的,能熟练"语言运用"的,有"审美创造"和"思维能力"的。着眼于"人"的发展,语文学科应该也必须承担起劳动教育的责任。那么,语文学科承担劳动教育责任的最佳方式应该是什么样的呢?我们认为不应该是简单的"语文+劳动",而应该是"语文 & 劳动",我们想用"&"这个符号表示"融合"的意义。语文学科与劳动教育融合后,是融合了劳动教育的语文学科,它必须坚守语文学科立场,关注学生经历充分的语言实践,在实践中收获语文经验,提升语文能力,获得语文素养的全面发展;劳动元素则是以"人文"的意味融于语言材料之中,如学习表现劳动行为的语词和句子,表达劳动观念的段落与篇章。学生学习渗透着劳动元素的语言材料,语文素养发展当然是关键任务;同时,或可认识广阔的劳动世界,或可生发积极的劳动情感,或可培植正确的劳动观念。其次,当我们认同"劳动创造了世界"的观点时,我们坚守语文学科立场,组织学生以"语言"为载体与世界发生对话,对话的另一主体必然是带着"劳动"意味的。我们用语言观察、反思一切"劳动着"的人、事、现象时,在观察、思考和言说中获得语言能力提升,同时必然获得劳动价值的多元认可。

综上所述,语文学科中的劳动教育不指向具体的劳动技能、技术、技巧的训练,而是更多地指向劳动观念的树立、劳动情感的培植、劳动品质的理解。语文课程的学习以选文为载体,选文内容中有一大部分是承载着多元劳动元素的。在课程内容的范畴里,原生态的劳动经历审美创造与语言文字成为相互融合的整体:语言以丰富的形式诗意而多维度地表现着劳动的丰富内涵;劳动审美的丰富内涵则以语文课程内容为载体进行呈现。因此,融合应该成为在"小学语文"课程中实施"劳动教育"的正确态度和应然操作,而"劳动审美"则是可以成为"小学语文"课程中融合"劳动教育"的主要价值趋向。

第一节　语文学科与劳动教育融合的生命概念

和课题组成员一起就二年级下册第二单元的教材文本《千人糕》展开关于"语文教学融合劳动教育"的课堂探索。我们发现小小的文本中居然蕴藏着一个大大的劳动世界。一块放在我们面前可以享受碳水甘甜的米糕,联系起了一个劳动世界。小糕点里有丰富的劳动物资,如大米、面粉、种子、肥料、水等;有多样的劳动工具,如各式的农具;有形形色色的劳动人民,如菜农、粮农、包装工、司机、销售员等;有复杂的劳动关系,如粮农种植庄稼、生产粮食,工人购买粮食、加工粮食、销售加工产品,而生活中的人们购买食品、品尝食品,既满足生存的基本需要,也实现劳动自由的内在渴求;有多元的劳动对象,如农田、甘蔗、大米等;还蕴藏着最朴素的劳动规则、劳动观念、劳动哲学,如尊重劳动者,珍惜劳动成果。劳动联结着每一个在这块土地上自由呼吸的、在行动中追求生存价值和生命意义的个体;复杂多样的、紧密的劳动关系也生成着深刻的劳动意义,劳动创造了物质,推进了社会的发展,推动着历史的进程,促进劳动主体——人的生命创造。没有劳动,就不会生产物质,没有劳动就没有社会文明的积淀,没有劳动就没有人类发展的光辉历史。马克思指出："我在劳动中肯定了自己的个人生命,从而也就肯定了我的个性的特点",其结果必然是,"我的劳动是自由的生命表现,因此是生活的乐趣。"从这个意义上讲,劳动确实是生命的表现与存在。

一、劳动实践:生命与世界对话的关键行为

劳动是生命存在的主要状态,是人类活动的基本方式。它是有目的和意识的,以调整和控制自然界为目的;它是有成果产生的,产生的标志是物质的生成和人的自身的改造完成;它是劳动主体与劳动对象间的积极对话过程,起于劳动主体对劳动对象的倾听,经过积极反思,然后付诸行动,用劳动工具改变劳动对象,同时也使劳动主体获得改变或者完善。所以,劳动的过程,其实质是劳动主体与劳动对象的对话过程。

《1844 年经济学哲学手稿》中曾经指出:"整个所谓世界历史不外是人通过人的劳动而诞生的过程。"如果以对话的视野尝试解读马克思的这个命题,我们会发现世界历史是劳动主体以劳动为载体或媒介,与自然、社会经历一场场或温和,或激励,或漫长,或短暂的对话,推动自然改变、社会发展的过程。

1. 青山绿水:生命与自然对话的劳动追求

自然是人类赖以存在和开展活动的环境,但人与自然却不是"我"—"他"关系,而是"你"—"我"关系,相互依存,相互联系,相互促进。

人类一直坚持与自然对话,倾听自然的声音,发现自然的内在规律,遵循自然的内在规律,实现自然改造,达成人与自然的和谐共生。早在远古时代,我们的两位祖先就已与大自然开展了一场声势浩大的对话。中原人民饱受洪灾之苦难,鲧受命治水,以"堵"为主要劳动方式,结果洪水不治,鲧与水的一场对话,因没有仔细倾听自然的声音,发现自然的内在规律而失败。禹与水的一场对话,仔细倾听水的声音,发现水的规律,当然也一定是发生了与鲧治水失败这一事件的对话,即在反思后采取行动,用"疏"的主要劳作方式,治服了洪水,让人们与水和谐共生。

自然是一个极庞大的系统,以"青山绿水"的显性表现悄悄地呈现他们生长在地球上内在恒定的"尺度"。人教版小学语文教材中曾入选课文《有这样一个小村庄》,美丽的小村庄曾慷慨地赠予村民大树的庇荫,村民们提着劳动工具,砍伐树木,建造房屋,改善生活条件,最后大树砍尽,水土流失

严重,在一次洪水中,小村庄被淹没。小村庄的命运浓缩的是人类曾经历过的悲剧,曾经他们以劳动工具为媒介,经历辛苦的劳动实践,但忽略了与自然的对话,罔顾自然客观存在的隐性声音,一厢情愿地创造着他们以为的幸福生活,结果遭遇了短暂幸福背后更惨烈的痛苦。雾霾张着巨大的黑幕蒙盖天空的湛蓝;河流被恶魔困住,吐着白沫在河床上艰难呼吸;沙尘暴举着大口袋,任性地随着风的脚步,肆意挥洒黄色的细沙……如今,我们终于听懂了自然的声音,学会了尊重自然,学着倾听自然的内在声音,学着开始与自然平等相处。习近平总书记提出的"绿水青山就是金山银山",是让我们懂得对自然的尊重,对自然生态系统的保护,是与自然对话的真诚态度。"绿水青山"是人类劳动实践的场域,也是人类劳动过程的永恒追求。劳动追求生命的自然,也追求自然的和谐;"绿水青山"是尊重对象的内在规律,经过劳动对话后,呈现的符合美的规律。劳动实现物的规律与美的规律的统一,人与自然的对话在劳动中发生,人与自然的和谐相融,是劳动审美的起点,也是终点。

2. 共生共赢:生命与他人对话的劳动效应

劳动的过程是与自然对话的过程,同时也是与他人对话,共同改造自然的过程。在这样的对话过程中,自然是劳动对象,劳动主体是你、我、他,是劳动生活中民主、平等的每个个体。中国有句俗语叫作"人心齐,泰山移"。人与泰山对话,"移"即改变泰山的位置,是劳动对话的要求;"移"还指向改变泰山的主要劳动任务;"移泰山"是一项伟大工程,需要"人心齐",所以"人心齐"是劳动对话获得成功的条件。如何让"人心齐"?我们需要在劳动过程中建立起多样、丰富的劳动关系,这个关系的特点是共生,优势则是共赢。在一起完成"移泰山"的劳动任务中,人们获得了"移"或者与"移"相类似的能力的提升,增加了对泰山的认识,增进了人与人之间的情感,完善了人与人之间的关系。劳动主体在改造自然的过程中,与自然对话,也与共同参与的各种各样劳动主体对话,在对话中他们的思想、情感互相碰撞,知识、能力共同增长,相互促进。共生共赢是劳动过程中劳动主体生命互相促进、互相影响的显性效应。这样的效应显然是积极的,这样的体验显然是愉悦的,这样的劳动显然是带着审美情趣的。

3. 社会发展:生命与社会对话的劳动底色

社会是"人与环境关系的总和",人与环境因劳动而产生关系,人与环境因劳动而联结。燧人氏钻木取火,火的出现改变了人类的生存状态,推进了社会的文明进程,从茹毛饮血的野蛮时代迭代进入可以优雅享受各种创意美食的文明时代。蔡伦在劳动改进中发明了纸,毕昇在劳动革新中发明了活字印刷,其他如指南针、火药的发明,都是在劳动实践中,因为能真诚倾听劳动对象的声音,反思劳动对象,发现劳动对象内在的尺度,劳动主体根据需要调整劳动对象内在的尺度,使其更趋向于美,更符合促进其发展的内在尺度。劳动主体用劳动实践影响着社会的发展,"影响"是由劳动而产生的生命意义,可以超越生命本身,因而一定是带着审美意味的。由此,劳动是促进学生成长必须涂抹的生命底色。

在劳动中对话,在劳动中改进,在劳动中打造一个"有理想、有本领、有担当"的小小劳动者。用在学校里积累的知识、本领、学问,参与劳动,解决问题,主动承担起社会进步的责任,以劳动为底色托起各个劳动主体的丰富生命样态,实现基于生命存在和发展的劳动意义的建构与体验。

基于劳动的生命与社会的对话,是可以跨越时空的。秦始皇陵、万里长城、都江堰水利工程……都是劳动人民智慧与汗水的结晶,是我国宝贵的历史文化遗产。这些工程在完成的那个年代,或许曾阻滞过社会的发展,或许曾以牺牲劳动的自由而完成,但是当它超越年代,放在社会发展的大进程中,放在历史车轮的大转盘里时,当初的劳动给社会和历史带来了丰厚的文化积淀。马克思说:"劳动是活的、塑造形象的火。"人类就是用劳动在"塑造"具体的、生动的、形象的、不断进步的社会。

二、审美体验:劳动与时代对话的积极嬗变

当我们以对话的视野解读劳动这件事时,劳动就不再只是满足劳动主体的生存需要,还得满足劳动主体的幸福的、愉悦的生活需要,对话以劳动为载体,在劳动中表现生命的意义和精彩。所以,审美体验是新时代背景下的以劳动为媒介的对话过程的全新要求。

1. 源自马克思关于劳动中的"美的规律"的理解

"通过实践来创造一个对象世界,即对有机自然界进行加工改造,就证实了人是一种存在……动物只按照它所属的那个物种的标准和需要去制造,而人却知道怎样按照每一个物种的标准来生产,而且知道怎样到处把本身固有的标准运用到对象上来制造,因此,人还按照美的规律来制造。"(马

克思《1844 年经济学哲学手稿》)所以,"我劳动固我在",人熟练运用工具,积极参与各种劳动,按照对象的内在尺度和遵循自己的需要去改变,由劳动而呈现对象改变,饱含着劳动主体的技术、思想、情感,是劳动主体生命存在的表现,无论是经历劳动过程,还是面对劳动成果,或是与参与劳动的其他主体的交往,都会带给劳动着的人丰富的、愉悦的情感体验。如园艺工人在街角造花境,他需要熟悉花的知识,熟练色彩的搭配,擅长依时依势造型,当巧夺天工、美轮美奂的花境让人们流连忘返时,那是花境工人最骄傲与自豪的时候。所以,劳动是积极的,因为劳动是劳动主体对自然、对社会的有意识、有目的的主动改造;劳动是智慧的,劳动的过程是劳动主体运用知识,凭借工具对劳动对象进行改造,改造的倾向是向美、向善、向真的。如历史上的"京杭大运河"改造,今天的"南水北调"工程,都是基于地利,让水更多地为社会的经济、文化发展提供便利。当劳动实践超越劳动本身时,一定是带着审美意味的。

2. 源自对新时代新的社会矛盾的认识

人们一提起"劳动",马上会联想到"辛劳""劳苦""劳累"。在物资匮乏的年代,劳动是人们解决生存需要的必要行动。"民生在勤,勤则不匮",为着"不匮"人们甚至要承受除劳动本身带来的艰辛以外的更大的苦痛。随着社会的发展,物质生活的富裕,人们对精神生活的追求愿景日益迫切,劳动也日益呈现"自由"状态。2017 年 10 月 18 日,习近平同志在十九大报告中强调,中国特色社会主义进入新时代,我国社会主要矛盾已经转化为人民日益增长的美好生活需要和不平衡不充分的发展之间的矛盾。"美好"成为当下人们参与劳动实践的主要追求。劳动不只是解决温饱,劳动创造财富,劳动更是在建构美的生活,实现美的人生,创造生命的价值,生成生命的存在意义。

美是人类精神追求的愉悦体验,在劳动这件事情上,劳动主体是审美的,劳动改造的对象是审美的,劳动的过程是审美的,劳动生产的物化产品是审美的,劳动事件衍生或附着的精神体验也是审美的。一句话,审美已日益成为新时代劳动实践的主要关照。

三、儿童生命:在劳动教育中享受审美照拂

儿童是未来的劳动者,他们在儿童时代学会学习、学会劳动、学会生活,最终成为一个健康、健全、合格的未来社会劳动者,能通过劳动为社会创造价值,能通过劳动创造个体生命的价值,实现生命的意义。因此,劳动教育是儿童生命成长时期必须接受并需要重视的教育。树立儿童正确的劳动观念,培植"劳动最光荣、劳动最崇高、劳动最伟大、劳动最美丽"的劳动价值;积淀丰富而灵活的劳动知识,熟练生活必要的劳动技能,培养正确的劳动情感、顽强的劳动毅力、优秀的劳动品质和高尚的劳动精神。

"劳动"是需要使"力"的,所以先人在造字时,"劳"和"动"都以"力"为部件,"劳"是指用力地开垦用一把火烧掉杂草荆棘后的郊外野地;而"动"有为实现某种意图而用力的意思。不过,在新时代背景下的这个"力",不再只是用身体使出的蛮力,还指向用心智解决问题的智慧之"力"。社会高速发展的信息时代,脑力劳动比体力劳动会创造更多的社会财富。因此,"劳动"与"完成任务""做好一个项目""解决生活问题"等都是相通的概念。劳动教育指向的学会劳动,其本质是促进学生学会生活,学习成为一个真正的人。

习近平总书记在全国教育大会上提出"培养德智体美劳全面发展的社会主义建设者和接班人",首次把劳动教育纳入党的教育方针,这是新时代对劳动精神的弘扬和倡导。为构建德智体美劳全面发展的教育体系,2020年3月,中共中央、国务院审议通过《关于加强新时代大中小学劳动教育的意见》,强调把劳动教育纳入人才培养全过程,并贯通大、中、小学各学段。树立正确的劳动观,培养"勤俭、奋斗、创新和奉献"的劳动精神;训练学生生存必备的劳动能力和养成劳动习惯。由此,为促进学生成为一个全面发展的,能担起民族复兴大业的时代新人,我们必须正确认识劳动教育的综合育人价值,把劳动教育看成是促进学生全面发展、健康成长的必要途径。劳动审美是一切审美的起点,劳动教育的提出,正是对儿童生命照拂的时代回应。

第二节 语文学科与劳动教育融合的可行样态

语文学习是以文本为载体,学生在教师的指导下,走近文本、理解文本、完成文本意义的自主建构的过程。文本意义的自主建构包括内容意义的理解,形式意义的体悟,最终指向生命意义的不断完善。那么,生命意义是什么？是指经历丰富的劳动实践,创造丰厚的劳动财富,服务社会,完善并不断超越于此。《义务教育语文课程标准》(2022 年版)完善了培养目标,指出:"全面落实习近平总书记关于培养担当民族复兴大任时代新人的要求,结合义务教育性质及课程定位,从有理想、有本领、有担当 3 个方面,明确义务教育阶段时代新人培养的具体要求。""有理想、有本领、有担当"的时代新人,是新时代的劳动者应该树立的正确价值观和必备品格与关键能力,于是《义务教育语文课程标准》(2022 年版)在"指导思想"部分,旗帜鲜明地提出了"加强劳动教育"的学科担当。由此,笔者大胆提出一个观点:语文学习需要融合劳动教育,在新时代唱响劳动审美的主旋律。由此,我们以"劳动审美"着力糅合语文学科与劳动教育于一体。那么,语文学科与劳动教育融合又有哪些可行样态呢？

一、在语文学习中理解:生命的诗意栖居是劳动的丰厚馈赠

劳动是具体的,也是抽象的。语文学科的劳动教育显然不指向具体的劳动技能,它用文字组织内容,诉说一个个关于劳动的故事,故事背后承载着生命发展需要的劳动意识、劳动态度、劳动观念、劳动精神、劳动意志和品质等。学生在丰富的语文实践活动中,理解劳动的丰富内涵:劳动完善生活,劳动改造世界,劳动推动文明,劳动实现生命的诗意追求。对于一个个鲜活的生命个体来讲,生活不只眼前的辛苦"劳动",还有诗和远方的田野;或者还可以更清晰地表达为要想收获"诗和远方的田野",必然得经历眼前的辛苦"劳动"。

1. 与自然对话理解劳动的诗意美

人以劳动为途径实现与自然的对话,在对话中尝试改造自然,突显自然给予人类的精神关照与诗意熏陶。统编版各册教材选文中就有不少课文表达了这样的观点。

如二年级下册第七单元的童话故事《青蛙卖泥塘》，一只青蛙住在一个不怎样的烂泥塘里，他想卖掉它。听从了老牛、野鸭、小鸟等小动物的建议，在泥塘周围种草，给泥塘引水，还栽了树，种了花，修了路，盖了房子……于是泥塘就变成了一个"多好的地方！有树，有花，有草，有水塘。"显然，劳动可以打造自然环境的诗意，在这样的环境里，"你可以看蝴蝶在花丛中飞舞，听小鸟在树上唱歌。你可以在水里尽情地游泳，躺在草地上晒太阳……"这是劳动馈赠给劳动者的浪漫享受。儿童在故事里认识到为了追求美好而努力付出的青蛙形象，也在朗读与故事复述等言语实践活动中树立深刻的劳动意识：生活的美好和诗意必然是劳动赠予的。

再如五年级上册第四单元的略读课文《小岛》，讲述了一群可爱的守岛战士与他们的将军的故事。这是一座小岛，远望就像一片飘浮在海天相接处的云，在岛上转一圈也用不了十分钟。这是一座孤岛，离陆地的距离比较远，从陆地运来的蔬菜，还没上岛，就会烂掉一大半。这是一座苦岛，环境艰苦，没有树，没有草，甚至没有土；战士生活很苦，常年吃罐头，吃不到新鲜的蔬菜。这更是一座希望之岛，因为战士们努力用拳拳赤子之心，改造小岛，他们用劳动表达了对守护着的小岛深沉的爱，对祖国真挚的爱。以爱为底色去改造自然的劳动，自然回馈的必然是极具审美意味的愉悦享受。

2. 与自我对话理解劳动的发展美

劳动是生命成长的标识，也是生命发展的途径。劳动者在劳动中开阔认识视野，完善知识建构，实现能力提升，同时完成心灵的救赎和精神的慰藉。中国历史上不乏文人雅士，其中有不少曾经历劳动，在亲近土地的过程中完成自我的救赎，获得生命的发展。"种豆南山下"，但却"草盛豆苗稀"，这是陶渊明在平实的劳动事件的描述中，表达了他对劳动过程的享受；而"采菊东篱下，悠然见南山"，则浸透着诗人对于生命理解的诗化表达。宋代大文豪苏轼的生命转折与文学创作突破，也与他亲近土地的劳动行为有着密切的关系。在遭受牢狱之灾后，他在黄州的一块朝东的坡地里，在劳动中完成了从"子瞻"向"东坡"的生命高度的超越。土地以及土地上生存的人们，留传中国文学史多少朴素而华丽的经典，无论是诗歌、神话、民间故事，还是小说、散文，都曾记载着人们在劳动中经历自我对话的生命成长。现行教材选文中就有不少课文是表现人以劳动为途径，在自我对话中获得成长的。

如一年级上册第六单元的《大还是小》,选文以儿童的视角,呈现了他们生命自然成长中的困惑:有时候我觉得自己很大,有时候觉得自己很小;有时候希望自己不要长大,有时候盼望自己快点儿长大。文本用儿歌的体式,引领儿童作一番大与小的哲学启蒙思辨,大和小是相对的。我们尊重儿童的小。身体小,所以会够不到门铃;心理小,所以听到雷声会害怕。但是我们努力让自己的思想长大,精神长大,能力长大,能自己穿衣服,自己系鞋带……自己的事情自己做,学会自己照顾自己,这是基于低年级儿童身心发展而提出的劳动要求,更是独立生命的成长需要。在教学中,我们引领学生读文识字、积累词语,也在语文学习的过程中指引学生身心成长的正确方向。

再如六年级下册第二单元中的《鲁滨逊漂流记》,学生阅读梗概,了解小说的主要内容;阅读节选,品味人物的鲜明形象。鲁滨逊的人物形象是在改造荒岛的劳动事件中树立起来的,我们可以引领学生在鲁滨逊改造荒岛的具体情节的设计顺序中,深度思考生命成长的需要。生命成长需要食物、安全、朋友、超越自我的层级发展,鲁滨逊在荒岛的 26 年就是不断地追求这些需要,不断地通过自己的劳动满足自己的追求,才最终实现了自己的生命意义。

3. 与故土对话理解劳动的乡愁美

中华文明是在土地上滋长和绵延的,故土永远是深藏中国人心中的乡愁源头。对故土的眷恋里,除了风物、风俗,还有人情。风物是"劳动"的物化,风俗是这一方土地约定的"劳动"态度和特殊的劳动仪式,而人情则一定由"劳动"维系起来的。统编教材入选了不少表现"乡愁"文化的文本。如四年级上册的《走月亮》、四年级下册的《乡下人间》、五年级上册的《搭石》《桂花雨》等,都可以引领学生在语言实践活动中品味浓浓的乡土气息,感受在劳动中建立起来的乡愁根脉。

4. 与社会对话理解劳动的创造美

文字承载着文化,传递着文明。学生走近文字的过程,就是尝试与社会对话理解劳动创造文化和文明的过程。如统编教材二年级下册第八单元,围绕"世界之初"这个主题安排了 3 篇选文,分别是《祖先的摇篮》《羿射九日》《黄帝的传说》,每一篇选文都暗含"劳动创造世界"的母题。童诗《祖先的摇篮》用儿童的遐想大胆探索世界的起源和文明的产生;《羿射九日》和

《黄帝的传说》则以神话故事的体裁，带领儿童认识远古时期人们挑战未知的勇敢和改造世界的睿智，从远古时期开始，人们就坚信"劳动"是创造美好世界的关键通途。

再如四年级下册第七单元的略读课文《挑山工》一文，记录了泰山上的一位普通挑山工。虽然如今挑山工这个劳动工种日趋减少，但是从他们身上折射出来的劳动智慧、劳动态度和劳动精神，却是一个社会公民在参与社会生活中必须具备的品格。

二、在语文学习中体悟：言语的独特形式是劳动的深刻体验

语文学科的劳动审美在丰富的语言形式中表现，所以，语文学科的劳动体验不只是内容的理解，还得关注语言的表现形式，在言语表现中发现劳动的丰富意义，并完成生命的悦纳和内化，完成个体生命成长的、自主的积极建构。

1.体悟语词的"劳动"魅力

语词是意义表达的最小单位，语词的选用、词序的安排等都为意义的表现服务，所以无论是哪种形态、层面、角度的劳动意义都可以借语词传递发声。如四年级第七单元下册《挑山工》中关于挑山工的劳动表现，作者是这样叙述的：

登山的时候，他们一条胳膊搭在扁担上，另一条胳膊随着步子有节奏地一甩一甩，使身体保持平衡。他们走的路线是折尺形的，从台阶左侧起步，斜行向上，登上七八级，到了台阶右侧，就转过身子，反方向斜行，到了左侧再转回来。每转一次身，扁担换一次肩。

语段中的"搭""甩""起步""斜行""登上""转过身子""斜行""再转回来""换一次肩"等动作都是对挑山工担重物上山这一劳动行为最质朴的真实表达，从这些动词中，我们发现挑山工的劳动行为简单、重复；展开想象，我们体悟到挑山工就是如此日复一日，年复一年，在泰山上从事如此简单而重复的劳动。这是简单而朴素、坚韧而执着的劳动品质，我们的社会生活需要这样的劳动品质，在简单重复的劳动中创造不简单的社会价值。

一位青年教师体悟到文本中语词的意义表现价值，和学生在课堂中展开了如下的对话。

师：挑山工这一劳动群体现在已经不多见，但是我们今天为什么还要学

习这篇课文呢？我们来还原挑山工的劳动现场。请大家找到表现挑山工登山的语句，读一读，再圈出相关的表示动作的词。

生：(读文，画句，圈词。)

师：我请一位同学来读一读挑山工挑山的劳动场景。

生：(读句子。)

师：说说圈出来的表示挑山工行为的动词。

生：(略。)

师：这短短 3 句话，作者用了 9 个动词。而这些动词都表达同一个意思，那就是——

生：挑山工挑着重物，一步一步地往上走。(课件出示句子)

师：课文能否直接这样表达？

生：这样写，感受不到挑山工的辛苦/感受不到挑山工担物上山的从容/感受不到挑山工走山路的步步坚定。

师：是啊，简单的行动中包含着一个劳动者的辛苦，重复的劳动中隐藏着一个劳动者的坚韧。请同学们用上这些动词，根据插图，向大家描述一下，挑山工在不同情境下的辛苦劳动。

师：早晨，太阳刚露出头，他们就开始登山……/中午，烈日下，他们依然登山……/冬天，大雪飞扬，他们开始登山了……

生：(根据情境复读课文句子。)

师：孩子们，泰山的挑山工就如大家所讲的那样，365 天，不论刮风下雨都在这样行走着。他们身上有一种品质深深地感动着我们。谁来说说，是怎样的一种品质？

生：吃苦耐劳、朴素坚韧。

以上案例，教师抓住文本语词的表现张力，引领学生在读一读、圈一圈、品一品、想一想的丰富语言实践中，发现劳动品质并获得深刻的内在体悟。

2. 欣赏语句的"劳动"表现

语句的组织形式是文本意义表现的关键元素。汉语言文字、句子的组织形式丰富、复杂、多变，使用这一种形式而不使用另一种形式，往往是由意义表达的需要决定的。

如六年级下册第一单元《北京的春节》中，有这样一些句子：

这种特制的粥是祭祖祭神的，可是细想它倒是农业社会一种自傲的表现——这种粥是用各种米，各种豆，与各种干果（杏仁、核桃仁、瓜子、荔枝、莲子、花生米、葡萄干、菱角米……）熬成的。这不是粥，而是小型的农业产品展览会。

以上两个句子，第一个长句子表达了腊八粥内容的丰富，它在句子内用了两个特殊的标点符号组织语词，破折号后面则反复用上"各种"来修饰米、豆与干果，具体说明腊八粥的内容；再用括号补充干果的种类之多，表现的就是人们生活的富足，强调了人们在新春来临时，为用劳动而创造出了富足的物质生活而生出的自傲之情。所以，紧接着作者在后一句中，用"不是……而是……"这一关联词，在否定与肯定的情绪转换中，"腊八粥"经否定而成为"小型农业展览会"，再一次表现了人们在享受劳动成果时迎接新春的喜悦之情。

"修辞"在语句的意义表现中起着非常重要的作用。小学阶段常用的修辞有比喻、拟人、排比、夸张、反问、设问等。虽然每一种修辞格式都有其通用的意义表现特点，但是放在具体的语言情境中，我们还得学会欣赏各种修辞的个性表现。如四年级下册第一单元的《乡下人间》一文中，有这样一个句子：

天边的晚霞，向晚的微风，头上飞过的归巢的鸟儿，都是他们的好友。它们和乡下人家一起，绘成了一幅自然、和谐的田园风景画。

这个句子用了"列锦"修辞。谭永先生在《修辞新格》中说："古典诗歌作品里面，有一种颇为奇特的句式，即以名词或以名词为中心的定名结构组成，里面没有形容词谓语，却能写景抒情；没有动词谓语，却能叙事述怀，这种语言现象……人们把它叫作'列锦'"。现代文学作品向古典文学致敬，也有颇多运用"列锦"修辞的作品，如《乡下人间》除上文的这一句外，还有"青、红的瓜，碧绿的藤和叶，构成了一道别有风趣的装饰，比那高楼门前蹲着的石狮子或竖着的两根大旗杆，可爱多了。""还有些人家，在屋后种几十枝竹，绿的叶，青的草，投下一片浓浓的绿荫。"这些句子，以"（　）的（　）"的词组格式铺阵，简练的语词，跳跃的思维，却能勾起读者丰富的想象，在读者眼前浮现一幅幅有声有色，有形有状，有动有静的生动画面。《乡下人间》表现的是劳动者的诗意家园，浪漫乡土。经历了一天的劳作，在斜阳下，晚风里，和着归鸟的鸣叫，在一起聊聊今天的辛苦，明天的憧憬，说说家长里短，在画面中弥漫着由乡间土地间升腾起的一抹温馨与惬意。这又何尝不是劳动带给人们的愉悦体验，劳动带给生命的存在意义：人类一直在努力用劳动呵护生活的美好，创造生活的美好。

3.思辨语篇的"劳动"意义

由词而成句,由句而成篇。由词句组织而成的语篇,有文本整体的语境,有文本组织的结构与顺序,有文本内容的细节与呼应,有文本表现的转换与铺垫,文本语篇是语言组织的复杂综合体,语篇为表达意义服务,所以语篇中的"劳动"意义确实是需要引领学生做一番综合的、多角度、多层面的思辨才会有深刻的体悟的。

如二年级下册第二单元的《千人糕》一文,由人物的对话推动内容的呈现,主要表达了普通的米糕是由许多劳动人民共同劳作而生成的美食,渗透在文本中的意义则是劳动创造了物质,劳动创造了世界,劳动也创造了人的生命价值;劳动是光荣的,我们要尊重劳动者,也要珍惜经由辛苦的劳动而生产出来的任何物质。

如果抽取人物对话,我们会发现,文本就是一篇说明文,说明米糕的成分及生产、销售过程。

千人糕就是平常的米糕。

米糕是怎么做成的呢?是把大米磨成粉做的,还加了糖。

大米是用农民种的稻子加工出来的,农民种稻子需要种子、农具、肥料、水……糖呢?是用甘蔗汁、甜菜汁熬出来的。甘蔗、甜菜也要人种,熬糖的时候,要有工具,还得有火……米糕做好了,还得要人包装、送货、销售,需要很多人的劳动。

一块平平常常的糕,经过很多很多人的劳动,才能摆在人们面前,所以人们又称它为"千人糕"。

但是,课文文本为什么要设定爸爸和"我"这两个人物角色呢?比较上面的文本和课文文本,我们不难发现课文文本更为有趣。原来语篇如此表达是为了让枯燥的知识与抽象的意义表现更形象,更生动,更贴近儿童的学习实际。所以,教师就可以借助文本情境,在对话中引领儿童寻找与探究由"米糕"而联系起来的劳动世界。

三、在语文学习中表达:言语的硬核输出是劳动的审美需要

语文课程是一门综合性、实践性课程,完成从学习"运用语言文字"到学会"运用语言文字"的转化,是这门课程的艰巨任务。"运用语言"是人类生命存在的需要,人类以"劳作"为途径与世界展开多样态的积极对话,"运用

语言"表达对这个劳动世界的个性化的思考。如范成大的《四时田园杂兴》(其一)中的描述:"昼出耘田夜绩麻,村庄儿女各当家。童孙未解供耕织,也傍桑阴学种瓜。"诗人在乡间,看到了村民从白天到夜晚的劳动长度,看到了"耘田、绩麻、当家、种瓜"的劳动辛苦,也看到了村庄儿女与童孙的劳动快乐与劳动影响。或者诗人本身也参与了这样的辛苦劳作。但是我们在他的叙述中,不仅看到了劳动的辛苦与忙碌,还看到了劳动的幸福与美好。诗中有丰富的劳作活动,但是诗中弥漫的是乡野生活的静谧与安宁,和谐与温馨。这是诗人的劳动态度,也是诗人的劳动愿景:用双手的劳动编织祥和而简单的乡村生活。因此,言语的硬核输出可以实现劳动审美的生命需要。那么,我们引领学生在文本学习中欣赏审美的劳动世界,也需要引领学生在真实的劳动生活中提升劳动的审美,并学习表达。

如学习完《千人糕》后,基于文本中的语词积累"菜农、蔗农、粮农",在生活中寻找形形色色的劳动者,既认识劳动者,也完成词语的丰富积累。

如学习完《桂花雨》后,在感受摇花乐后,让学生交流快乐的劳动场景,用一两句话写一写快乐的劳动体验。

以上是基于教材学习的劳动生活的表达,我们还可以基于生活,尝试在真实的劳动中充分感受劳动的愉悦体验,引领学生观察劳动、认识劳动、理解劳动、体验劳动,最后书写劳动,在言语的学习运用中,树立劳动意识,提升劳动的审美能力。如我们可以设计跨学科主题学习"我最爱的一道美食",安排"尝一尝美食""做一做美食""改一改美食""画一画美食""讲一讲美食背后的故事"等系列活动,在综合性的实践活动中,感受劳动创造美的愉悦体验,并把这份愉快的体验记录下来,与他人进行交流。

语文学习是以言语表达为目的的,劳动是生活的底色,劳动的审美是生命存在的需要,我们用语言表达劳动的美,尝试用语言的表达实践来建构积极的生命意义。

语文学习,能在文本阅读中寻找与感受劳动的诗意与浪漫;能在语言的表现形式中咀嚼与回味劳动的内涵与审美;能在言语的意义表达中建构与思考劳动的价值与影响。一句话,语文学习需要唱响劳动审美的主旋律。

第三节　语文学科与劳动教育融合的教材理解

劳动审美是阐释语文与劳动关系的关键元素,语文审美也是语文学科融合劳动教育的糅合物。首先,文字是记录人类以劳动为途径的与世界对话的物化产品,文字符号是人类在劳动过程中创造的开启人类社会文明的宝贵财富。因此,识字与写字这一语文实践活动既可夯实学生的语文基础,也是引领学生认识自然、世界、社会的重要途径。文字的美影响着认知活动的愉悦体验。其次,阅读与欣赏语文实践活动,是以学习优秀文学作品为载体的。许多优秀的文学作品,如诗歌、小说、散文等,无论是情感的抒发、观点的表达,还是人物形象的塑造、社会风尚的传扬等,都会涉及或渗透"劳动"这个永恒的社会主题,我们可以在作品的阅读与欣赏中,培植劳动观念,感受劳动情感,理解劳动创造。最后,在梳理与探究、交流与表达的语文实践活动中,是运用语言梳理人与世界的劳动关系,表达人与世界的劳动故事,在梳理与表达中享受和体验劳动的乐趣,促进学生成长为一个有较高文化修养的新时代的劳动者。语文与劳动之间的关系,是以审美为发酵物的融合关系,即"劳动"在语言形式的表现中存在,语言形式表现着"劳动"的审美意义。

如何在语文学科中切实落实劳动的审美教育,我们需要以劳动审美的新视角,完成对统编教材的另一角度的解读。

劳动审美的意义构建以教材的内容理解为基础。学生在走近文本与文本的对话过程中,感受劳动的观念美,欣赏劳动的过程美,理解劳动的精神美,最后发现劳动的创造美。劳动不仅创造了物质财富,也创造了精神财富,并转化成社会价值,推动社会的发展和文明的进程,从而实现个体生命的自我超越。因此,我们要在教材文本的解读中,发现教材的劳动审美的意味,自觉承担起语文学科的劳动教育义务。从这一角度去思考,我们对于语文学科融合劳动教育的可行性也就有了教材层面的理解自信。

一、发现教材里的劳动观念,明确劳动审美的原点

现代汉语这样解释"劳动":人类创造物质财富和精神财富的活动。从哲学层面解读,劳动是人类存在的主要形态,也是解释社会存在和发展的逻

辑原点。语文学科中的"劳动教育"不以具体的实践参与为主要途径,而是通过"语言与文字"的理解与运用,植根劳动观念,培养劳动热情,从而促进学生终身发展"需要的正确价值观、必备品格和关键能力"。因此,我们要善于发现教材里的劳动观念,它是我们在语文学科中落实劳动审美必须明确的学科教学原点。

一年级上册第一个识字单元,在"和大人一起读"栏目中安排了一篇童话故事《小白兔与小灰兔》,学生和大人一起阅读,理解小白兔与小灰兔的故事,讨论小白兔与小灰兔的不同行为,一起续编故事的语言实践中,理解"只有自己种,才有吃不完的菜"的劳动意义。学生和大人一起读,借助有趣的故事,获得粗浅的劳动认识:劳动是创造物质财富和精神财富的重要源泉。

观念和认识要实现个体成长过程中的真正的意义建构,需要不停地熏陶、反复、强化,统编教材在各年级均安排了"劳动观念"层面渗透的一些优秀选文。如在二年级安排的《千人糕》一文,学生可在劳动创造物质财富的观念认同的基础上,生发新的认知:尊重劳动者,尊重劳动者的成果和劳动付出。在四年级上册《延安,我把你追寻》这首诗歌的理解中,我们借助诗歌文本中昔日延安与今日延安的巨大对比,生发"劳动"能够推动社会发展的价值认同。而一年级上册,安排在拼音教学中的儿歌《洗手歌》和课文《大还是小》,则提出了劳动对于个体价值实现的意义,学会"洗手"养成讲卫生的良好习惯,学会自己的事情自己做,可以提升自己的能力,锻炼自己的心性,让自己慢慢长大。二年级上册的《寒号鸟》的故事,则可以让学生在侦察寒号鸟死因的语言实践中,理解"劳动"对于个体创造幸福生活的关键意义。

二、寻找教材里的劳动精神,把握劳动审美的标点

"劳"的甲骨文是"𤏯",上面是一丛火,下面是"衣"的象形,中间的小点可视为密密缝补的针脚,有在灯下辛苦缝补衣物的意义;金文中的"劳"字演变为"𤏯",下面的"衣"改为了"冖"和"力",3个部件合在一起,有夜晚在家里用力劳作的意思。研究"动"的演化过程,"动"是个形声字,左边部分表声,但是在演化的过程中,声音的表现意义已经不再呈现,右边"力"表意,所以,"动"表示行动、实践的意思。"劳"和"动"都需要用"力"。从词源分析,劳动必然是辛苦的。劳动任务的完成,需要有"勤奋、刻苦、坚韧"的精气神。劳动的愉悦体验与任务完成的难度、长度有一定的关联,经历的苦难越

多、克服的困难越大、使用的时间越长，完成劳动任务后的愉悦感越强烈、越持久。所以，劳动精神的培养是促进劳动审美提升的关键元素。

劳动精神的内涵是什么？是勤奋刻苦、脚踏实地；是团结协作、精益求精；是持之以恒、坚持不懈；是积极向上、无私奉献。我们解读教材可以在《挑山工》《青山不老》《小岛》《总也倒不了的老屋》等文中找到蕴藏在人物身上和劳动事件中的鲜活的劳动精神。《挑山工》一文中，挑山工脚踏实地，一步一个脚印，担着重物，登上了泰山高处，在读者眼里"挑山工"不只是挑山工，而是普通的劳动者，读者可以从挑山工的身上汲取力量，那就是我们只要脚踏实地，一步一个脚印地努力劳动、工作、生活，即使困难大，任务重，我们也总能登上事业、生活的高峰，获得成功。《青山不老》一文中，老人以一己之力，创造了绿化造林的奇迹，老人的坚持，老人的社会责任感，老人用有限的时间，创造了无限的生命精彩，青山不老，生命永恒。《小岛》一文中的战士们怀着把祖国海岛建设成绿洲的赤诚信念，不怕苦难，不怕孤独，在荒芜的小岛上种植绿植，播撒希望。《总也倒不了的老屋》是个童话故事，但我们从老屋的"老"与"不倒"的反差中可以去思考生命的意义，生命可以在奉献和被需要中创造奇迹，增添厚度，拉长宽度，而奉献与被需要的具体落实可以简化为"劳动"。

解读教材，寻找教材里的劳动精神，把握住"劳动精神"这个劳动审美的标点，引领学生开展多项丰富的语文实践活动，让"劳动精神"在语文实践活动中慢慢积累、沉淀，然后渐渐转化为作为劳动者的每个生命个体的生命底色。

三、理解教材里的劳动过程，落实劳动审美的基点

"劳动"离不开"力"，无论是心力还是体力，都与"辛劳、艰苦"关联。"日出而作，日落而息"描绘的是远古时候人们的美好生活状态，日头下的"作"，唐朝诗人李绅用"锄禾日当午，汗滴禾下土"描写，粒粒汗珠是日头下人们劳作辛苦的见证。但是，因为有"日落而息"的憧憬，有"盘中餐"的期待，日头底下的劳作也就有了积极向上的热情，有了敢于挑战困难的勇气。于是"日出而作"的劳动过程也就有了劳动审美的意味。劳动过程的愉悦体验是促进劳动审美的基点，也是培养完整的时代新人的关键途径。

18 世纪英国社会改革家罗伯特·欧文曾这样说："完善的新人应该是在

劳动之中和为了劳动而培养起来的。"无论是"劳动之中"和"为了劳动"都是促进儿童作为一个真正的劳动者的关键途径。"在劳动过程中培养人",是新时代人才培养的新概念,语文学科的"劳动过程"体验不是直接的,而是间接的。学生徜徉于文本里,把玩文字,发现文字下面隐藏着的关于劳动过程的审美意味,可获得积极的愉悦体验。只有在内心认同劳动过程的美好,才能实现"在劳动中完善新人"的育人目标。如一年级的一首汉乐府民歌《江南》,"采莲"劳动一定辛苦,但是我们却从小诗中感受到了采莲过程的快乐。我们可以引导学生展开想象:田田的莲叶是劳作的场景,悠游的鱼儿是劳作的旋律。小诗有情有境,有声有色,有动有静,有笑有唱,学生可以在反复吟诵中理解"劳动是快乐而美好的"劳动意义。

再如五年级教材《桂花雨》中有这样一段描写:

可是母亲一看天上布满乌云,就知道要来台风了,赶紧叫大家提前摇桂花。这下,我可乐了,帮大人抱着桂花树,使劲地摇。摇哇摇,桂花纷纷落下来,我们满头满身都是桂花。我喊着:"啊!真像下雨,好香的雨呀!"

还原当时的场景,桂花需要赶在台风来前摇下来,摇的时间紧,再从"使劲""摇哇摇"这些动词发现摇的"用力",摇桂花也辛苦。但是因为"摇桂花"可以享受"淋花雨"的诗意,可以享受和大人一起劳作的乡情,可以享受桂花美食的期待,于是"使劲地摇"也就成了故乡记忆中最浪漫的事件。当然,如何理解劳动过程的审美意味,我们必须牢牢抓住语文课程的学科特点,在朗读、想象、复述等语言活动过程中感受、理解、欣赏劳动的过程美。

四、挖掘教材里的劳动创造,提升劳动审美的高点

劳动是生产物质财富的基础,是创造精神文明的源泉,是个人实现自我价值的途径,是创造社会价值的重要手段。劳动的创造性确实是提升劳动审美的最高点,但是,劳动创造之于语文学科的价值,一定不指向物质财富的创造,而是指向在劳动中生产的,用言语组织生成的"劳动智慧",甚至是"劳动哲学"。如"临渊羡鱼不如退而结网(班固)",不只是渔人在劳作中总结出的经验,更是创造精彩人生的一般规律。

统编教材中有许多蕴含劳动创造意味的选文,如《挑山工》的"折尺形"登山,就是在劳动过程中总结出来的劳动智慧。再如,童话故事《青蛙卖泥塘》,故事编织的思路就是"劳动改变泥塘",其中蕴藏的劳动哲学就是:劳动

可以创造美好生活。教材是完成"立德树人"育人目标的主要载体,它为学生的全面发展提供了诸多可能,当我们认同"劳动"的综合育人价值时,我们就有责任去挖掘教材中的"劳动创造"元素,从而提升学生的劳动审美素养。

当然,文本存在的基础是意义表达,所以从语文学科落实劳动教育的层面理解,"遣词造句"的语言组织,"谋篇布局"的段落结构,都是为表现"劳动意义"服务。如此,我们在教材解读时,除了感受和理解劳动意义外,更需要去发现、理解,并学习语言形式的表现艺术,以文本为媒介学习运用语言对话劳动世界,在与劳动世界对话的过程中,树立成为一个劳动的人的坚定信念。

第四节　语文学科与劳动教育融合的实践路径

劳动创造了文字,劳动创造了文学,劳动也创造了文明。在语文课程的范畴里,语言文字是劳动诸元素赖以存在的符号载体。在语文课程里,我们引领学生参与"识字与写字""阅读与欣赏""表达与交流""梳理与探究"等诸多语文实践活动,同时也在引领学生认识劳动着的人、了解劳动的事件和行为,分享劳动成果,体验劳动情绪,渐渐地在语言实践活动中形成正确的劳动观念,培植新时代社会主义建设所需要的劳动精神和劳动意志。所以劳动之于语文课程不是课程内容的叠加,而是学生经历语文活动时,必然会关注的具体内容。文字与劳动是你中有我,我中有你的融合关系,而"审美"则是促进语文学科融合劳动教育的适切催化物和糅合剂。

语文课程内容以选文的形式呈现,是对社会、自然、世界的带着劳动主体个性印迹的审美呈现。所以,含有劳动元素的选文,大概都会落实在劳动元素的某个方面,然后用丰富的语词、适切的句式、精致的结构做审美的表达。"审美的"是含有劳动元素教材的特性,"审美"也就成了语文学科融合劳动教育应该而且必然关注的有效策略。

一、文字:发现人类劳动的记载之美

文字起源与人类劳动密切相关,人类在劳动记事或劳动活动中生出记事的需要,开始时通过对事、物的审美观察,提取事物的关键信息,用抽象的符号表示。渐渐地文字被创造,于是就有了事件的记叙,有了诗、文、故事等艺术的表达。文字记载着劳动创造社会文明的进程。语言文字的积累与梳理是语文学习的基础任务,识字教学是贯穿小学阶段非常重要的语文教学内容,基于文字是记载人类文明符号的认识,在识字教学中,我们就可以组织学生在识记汉字的同时,发现文字里蕴藏的劳动内涵,引领学生发现藏在文字里的人类劳动的记载之美。

《千人糕》是二年级上册的教材,选文通过"我"与"爸爸"的对话,生动地介绍千人糕经由许多人的共同劳动才制作而成,是一篇可以渗透劳动观念教育的好文章。围绕劳动主题,研读教材,课题组在课例研讨时发现可以从3个层面引导学生分类识记汉字,第一类词语是"农民、售货员、司机、工人、菜农、包装工"等,这些词语都表示千人糕制作的参与者,他们有一个共同的称呼叫"劳动者",学生在课堂上既识记汉字,也认识一个完整的劳动世界,同时也初步感受到人人劳动,劳动光荣的劳动观念。第二类词语是"种子、农具、肥料、甘蔗、甜菜"等,它们是生活中的事物,更是劳动后的产品,同时又可继续劳动加工生成另一种产品。识记这些词语,不仅认识事物,还可以让学生感受到劳动可以创造各式的物产,生出"劳动光荣"的劳动意识。第三类词语是"磨粉、种稻子、熬糖、种甘蔗和甜菜、包装、送货、销售"等词语,它们是劳动的具体行动,正是这些具体的劳动行为,创造了这个物质丰富的美好社会。三类词语的教学,完成了语文课程"汉字的识记与积累"这个基础学习任务,同时引领学生在理解文字符号的意义内涵中认识了劳动的美。

另外,我们还认为可以从文字的劳动起源去发现人类劳动的记载之美。如一年级的小诗《江南》,教学生字"采"时,教师先在PPT中呈现了"采"的甲骨文"𤓷",让学生猜一猜,这个图表示的是哪个汉字? 在"说说为什么这样猜"的表达中,学生理解了"采"的原义就是"用手摘取树上的果实",果子成熟,可以采摘,这是一件多么让人高兴的事。最后再让学生说说,他们还知道可以"采什么",学生在"采果实、采桑叶、采药材"等劳动事件的交流中,强化了对这个世界的认识,世界是劳动着的,劳动是快乐的。

二、情境:感受劳动活动的过程之美

"采菊东篱下,悠然见南山"是劳动过程的闲逸之美;"千锤万凿出深山""粉骨碎身浑不怕"是劳动过程的艰辛之美;"乡村四月闲人少,才了蚕桑又插田"是劳动过程的忙碌之美;"四海无闲田,农夫犹饿死"则是劳动过程的悲剧之美……以诗为例,我们发现文本往往会以劳动审美的视角,记叙生动、具体的劳动,表现不同形态的劳动过程之美。

无论是哪种形态的劳动过程,审美的意味和价值都是相通的,都可以让学生透过文字体验劳动活动的过程之美,而情境创设则是让这份体验更真切的有效策略。

如在教学《桂花雨》时,散文中的"摇花乐"部分,文字清浅活泼,充满童趣,是最能让学生享受劳动快乐情绪的文字,传递劳动快乐情感的文本。如何让学生感受这份劳动的快乐情趣。教师在执教时,在课堂上创设了一个游戏情境。老师张开双臂扮演桂花树,请一生上来摇桂花,一学生大胆上前,抱着老师的腰,使劲地摇,课堂呈现了轻松快乐的游戏氛围,在这个氛围里,再请学生闭上眼睛想象:

桂花一小朵一小朵,如米粒,如玉碎,从枝头纷纷下落,钻进我的脖子里,痒痒的,落在我的头发上,头发也变得香香的,落在衣服上,衣服瞬间绣上了无数朵精致的小花……

学生就在这样的想象情境里,感受到了劳动的美好和快乐,原来劳动的内涵不只是"辛劳、艰苦",更有诗意的闲适和浪漫的情趣。

三、言说:实现劳动意义的表达之美

语文课程的劳动融合,旨在培养学生的劳动观念,理解劳动精神与劳动品质,至于劳动能力、劳动习惯、劳动态度等的训练,需要学生在其他课程中,并与平时的生活结合去执行。所以,劳动在语文课程里的主要任务是建构意义。建构意义的语文策略唯有言说,劳动意义则在言说中强化并根植于学生心田。

如在教学《牛郎织女》时,教师抓住"创造性复述"这一单元语文要素,聚焦故事的留白部分"牛郎常常跟牛说话"这个细节,让学生展开想象,思考"牛郎会跟老牛说些什么?"学生根据故事情节,展开想象,互相言说。

"老牛,今天你陪着我翻完了一整块地,你累了吧! 我有点累了,但是我很高兴,明天我们就可以播种了。我希望今年有个好的收成。"

"老牛,你发现了吗? 今年地里的庄稼长得特别好。"

"昨天,我给稻田除草了,稻田一下子精神了很多。今年一定会是一个

丰收年。我们的日子会越过越好!"

…………

言说很具体,不同的内容反复强化了一个"劳动意义":劳动创造美好的生活!

教学二年级下册《青蛙卖泥塘》时,引导学生复述青蛙卖泥塘的经过,让学生帮着吆喝卖泥塘,都可以让学生在言说中生成这样一个意义:劳动可以改造环境,劳动可以改造世界,劳动可以让生活更美好! 言说本身发展学生的语言运用,而言说什么则丰盈了学生的精神世界,在这个促进学生成为人的立体的精神世界里,当然少不了劳动审美的积极建构。

第五节　语文学科与劳动教育融合的课例探索

语文教材中不乏劳动价值倾向的文本。有表现劳动意义的,如二年级下册的《青蛙卖泥塘》,青蛙改造烂泥塘的故事,就是劳动创造美好生活的童话案例;有抒发劳动情怀的,如五年级下册的《刷子李》,刷子李的从业规矩里蕴藏着普通劳动者对手艺养成过程中精益求精的挑战和追求;有讴歌劳动意志的,如四年级下册的《千年梦圆在今朝》,几千年,几代人,为梦想坚持不懈;有吟咏劳动诗意的,如四年级上册的《走月亮》,劳动闲暇的放松里,抒写着最亲切、最质朴的生活诗意……人一定是以劳动的方式存在的,语文学科虽不承担劳动之"技"的任务,但是却有让学生在言语中发现、感受、理解、欣赏劳动意义、情怀、品质、精神,以及劳动诗意的要求。

四年级上册第七单元的《延安,我把你追寻》是一首小诗,却有着极大的包容量,6 个小节从不同的层面用诗的独特方式表现了内涵极为丰满的"延安精神"。第 1 节以"归燕寻找春天的迫切""小树成长对阳光、雨露的渴望"形象地表现"延安精神"对于国家发展的重要意义。第 2 节则用相同的句式,呈现追寻的脚步,寻寻觅觅中打开历史画卷,浮现历史事件,于是延安精神在具体的历史事件中有了丰富的表现。第 3、4 节在今昔对比中突现延安精神对于延安发展的重要意义。第 5、6 节通过反向抒情、正向讴歌,再一次抒写延安精神的意义。"延安精神"的内容非常丰富,最核心的是 8 个字"自力更生、艰苦奋斗",即用劳动挑战困难,用劳动解决困境,用劳动创造美好。"自力更生、艰苦奋斗"既是延安群体精神,同时也是个体挑战生命苦难不断获得成长所需要的源动力。所以《延安,我把你追寻》无论对于国家发展的理解,还是对于个体生命成长的需要,都有着积极的意义。

那么,如何在教学中,在学生的心田播下"自力更生、艰苦奋斗"的劳动精神,我们必须以诗的名义,用语文的方法,在诗歌涵咏中植入劳动的意义。

一、打开关键资料,在形象中自主概括劳动精神

【案例描述】

课前老师安排学生寻找延安资料,初步了解延安风景名胜里的革命事件和历史故事。课中,老师揭示课题后,组织学生交流搜集的资料,交流的形式是识记图片,再用一句话表达图片背后的关键信息。其实学生找到的信息量很大,老师要求用一句话表达关键信息,这对于学生来说是个挑战,但他们显得颇有兴趣,就这样学生随着一张张延安图片的出示,交流了对延安、延河、杨家岭、枣园、宝塔山的了解。课后,老师出示了一张南泥湾的旧图片,和学生一起展开了以下对话。

师:(出示南泥湾旧貌图)这是一张旧图片,看到这张照片让你想到了哪个词? 想用哪个词形容?

生:荒凉/荒无人烟/寸草不生/沙砾遍地。

师:(出示南泥湾新貌图)这儿还有一张图片。仔细看看,你想用哪个词形容?

生:满眼绿色,生机勃勃/绿意盎然/美不胜收。

师:(出示"南泥湾")这两张图片一张明媚,一张灰暗;一张生机勃勃,一张毫无生气;一张满眼绿色,一张满目沙砾;一张富有生气,一张荒凉。这两张截然不同的图片,其实都是同一个地方,这个地方有一个响亮的名字叫——

生:南泥湾。

师:我们不禁思考,为什么会有如此大的差异,如此翻天覆地的变化? 大家的资料里可以解答这个疑问吗?

生:当时国民党对延安实施经济封锁,妄想通过经济封锁来扼杀延安的革命力量。当时人们的生活、生产都面临着很大的困难。王震带领着三五九旅在南泥湾用锄头开荒、种粮、纺纱,付出了艰苦的劳动,粉碎了敌人的阴谋,解决了所面临的生活困境。

师:(出示图片)说得非常清楚。大家看,这就是当时他们开荒的镢头。极其简单的工具,却在战士们的手中创造了一个了不起的奇迹。南泥湾的成功,让大家看到了一种挑战困难的力量。你觉得这是一种什么样的力量?

生:不怕艰苦。

生:敢于挑战。

生:用双手可以改变困境。

师:对,双手可以创造一切。毛泽东就用8个字,归纳了南泥湾改造成功背后的精神,那就是——(出示文字)

生:自力更生、艰苦奋斗。

师:请大家记住这两个词语。再读——

生:自力更生、艰苦奋斗。

师:同学们很了不起,不但学会了搜集资料,还能从资料中提炼有用的关键信息。

【案例分析】

思维的跳跃是诗歌的特质,诗行中跳跃着的思维火花与读者的生活、情感、认知经验相碰撞时,跳跃的诗句会鼓励着读者去积极想象,有趣探索,于是诗就在读者的世界里打开了一个个想象空间。有了想象的参与,以诗行为媒介,于是读者与诗人完成了积极的不断生成新的意义的对话过程。《延安,我把你追寻》的思维在记录许多革命事件和历史故事的诗行中跳跃,但是学生走进诗的时候,因为缺少关于延安的基本认知和情感认同,无法有效打开一首诗应该为学生打开的想象空间。于是老师在课前安排了资料搜集,资料搜集的实质即自主学习过程。学生在资料搜集过程中初步走近延安,认识延安,补充学生读懂诗句时缺少的知识储备。课堂上老师要求学生用一句话交流延安相关风景名胜的关键信息,既是语言表达的要求,也提出信息筛选、整理的要求,更是思维的挑战,学生在分析比较中整理关键信息,感动延安的伟大。

这份感动如何清晰化,如何推进为对延安精神的初步理解?老师在资料交流的反馈中,重点打开了一个关键事件——南泥湾开荒。教师出示南泥湾旧貌新颜图,引导学生在直观的对比中,感受变化之大,变化之美,变化之了不起。接着适时讲述三五九旅改造南泥湾,在困境中开荒的历史事件。再继续引导学生透过事件去发现南泥湾改造背后的意义——自力更生、艰苦奋斗。如此,延安精神的核心内容在南泥湾开荒的故事中就有了具体的阐释和有力的明证。

【案例反思】

自力更生、艰苦奋斗是延安精神,也是劳动精神。精神依附于文字,在语文学科中,精神是跟随着文字对于读者的愉悦体验走心的。对于"自力更生、艰苦奋斗"的劳动精神,我们可以直接给予、"暴力"说教,不过"暴力"作用的反弹或许会让学生远离那些在他们的生命成长过程中需要的精神汲养,这不是我们愿意看到的。我们怎样做才能实现依附于文字的思想慢慢"浸入",完全"吸收",我们遵循语文的规律,上述片段的教学中,老师引导学生搜集资料,用语文的方法打开南泥湾事件,其实质是在用语言表达形象,用语言思考形象,用语言概括形象,最后用语言的言说方式去建构精神的内在生长,这种精神是学生身心成长所必需的精神——自力更生、艰苦奋斗。

二、关注诗歌形式,在今昔对比中觉悟劳动精神

【案例描述】

学生初读整首诗,在朗读中感受诗歌的音韵美,在老师的指导下发现诗歌押韵的语言形式。诗歌第3、4小节用延安今昔对比的形式表达了延安变化,对比的诗句是延安精神的具体蕴藏。老师关注诗歌的形式,让学生带着导读提示中的问题"诗中多次提到'追寻',是在追寻什么",组织学生开始探究。

师:请大家再次认真读读小诗,一边读一边用横线画下表现延安昔日样貌的诗句,用波浪线画下表现延安今天样貌的诗句。再对比着想一想,你发现了什么,在诗句旁做上记号,然后我们来交流。

生:(自主学习。)

师:昔日的延安,你画下了哪些诗句?

生:我们永远告别了破旧的茅屋,却忘不了延安窑洞的土炕。

师:我们一起读读这两句诗。

生:(读。)

师:(出示图片)这就是延安昔日破旧的茅屋,这就是窑洞里简陋的土炕。还画了哪些诗句?

生:我们毫不犹豫地丢掉了老牛破车,却不能丢掉宝塔山顶天立地的脊梁。

师:我们一起读一读这句诗。

生:(读。)

师:(出示图片)这就是老牛破车,是延安人民使用的生产工具。和老牛破车一起同时代使用的生产工具还有纺车(出示图片)。看着人们当时的生活条件和生产工具,你想用哪个词形容昔日的延安?

生:贫穷/落后/艰苦。

师:今日延安的样貌是怎样的,请位同学读读相关诗句。

生:一排排高楼大厦像雨后春笋,一件件家用电器满目琳琅……

师:读着这样的诗句,展开想象,你仿佛看到了什么?

生:高楼一幢又一幢,一眼望过去高楼林立,这里已经是一个繁华的城市。而且远处还在不断地建造。

师:人们的居住条件变好了。

生:我看到了人们的生活条件也变好了。家里有许多的家用电器。或许有空调、冰箱、电视等。

师:不错。还画了哪些诗句?

生:宇宙飞船探索太空的奥秘,电子计算机奏出美妙的交响……

师:我们一起再读读,展开想象你仿佛看到了什么?

生:延安的科学技术也变得非常发达。

师:用一个词形容今日的延安,你想到了哪个词?

生:繁华/富裕/先进/科技发达。

师:(在黑板上画箭头)曾经的延安是贫穷的,今天的延安是富裕的;曾经的延安是落后的,今天的延安是先进的、科技发达的。那么请认真思考,究竟是什么让延安有了这么巨大、不可思议的变化?

生:是不怕困难、敢于挑战。

生:坚持不懈地努力。

生:是艰苦奋斗。

生:是艰苦奋斗、自力更生。

师:(根据学生回答板书"不怕苦难、坚持不懈、艰苦奋斗、自力更生")如果可以用一个词语来概括这些内容,你觉得这是一种什么精神?

生:中国精神。

师:对,这个中国精神带着鲜明的延安标志,所以这个精神也可以叫作延安精神。

师:(板书"延安精神")是的,是延安精神让延安从贫穷、落后,走向富裕繁华、先进发达。是艰苦奋斗、自力更生的劳动精神让延安告别贫穷落后,换上富裕、发展的面貌。所以延安精神就是——

生:艰苦奋斗、自力更生。

师:诗人追寻延安,就是在追寻延安精神,追寻艰苦奋斗、自力更生的精神。

【案例分析】

诗歌第3、4小节用鲜明的对比,打开了一幅反映延安发展的立体画卷。第3小节从住的和用的两个方面着重表现了延安人民生活条件的变化;第4小节则从航天科技和信息技术两个方面表现了延安的科技高速发展。诗歌用整齐的语言和铿锵的音韵形象地表现延安的发展变化。老师正是紧紧抓住诗歌的这个特殊表现形式,让学生对比着读,在对比中发现昔日延安的贫穷落后,今日延安的富裕发展。这是感性的理解,这是浅层发展。

由浅及深,还需要思维的纵向推进。老师再一次抓住对比,抛给学生一个话题:是什么让延安有了如此翻天覆地的改变? 对于诗歌,对比可以打开一个无限的想象空间;而对于阅读发现,对比可以收获一次深邃的精神震撼。此时的学生一定会主动联系"南泥湾开荒"的故事,去思考延安变化背后的力量源泉,于是已经被定义的艰苦奋斗、自力更生的劳动精神再一次在学生的阅读发现中被觉悟。自主发现,自我觉悟,不仅仅是对诗歌情感的认同,更是对生命成长的影响。

【案例反思】

文本用特定的语言形式表现着思想、情感、观点和意见。阅读发现既收获视野的拓展、文字的精彩,也收获灵魂的感动。我们在阅读语言精彩的审美体验中完成感动,实现语言与精神的共同建构。那么坚持从文本本身出发,从发现语言形象、理解语言形式中,我们既可以收获语言素养的发展,也可以收获依附于语言的精神觉悟。况且,精神觉悟的累积对于生命的拔节尤为要紧,因为语言最后要表现的是主体生命的精神存在。要让学生收获语文学科的精神觉悟,需要尊重语言规律,走过语言发现的过程。

三、设计思辨话题,在言语转化中深化劳动精神

【案例描述】

学生理解了什么是延安精神,也明白了曾经的延安因为有了延安精神而有了翻天覆地的变化。老师再一次抛给学生一个话题:今天我们还需要延安精神吗? 请再一次阅读全诗,找出诗中能帮助解答的关键诗句,尝试着用"有了延安精神,就有了……"或者"没有了延安精神,就没有……"或者"延安精神就像……一样"等句式中的一个形式回答。学生一边读,一边划关键句,然后有了下面的课堂生成。

生:延安精神就像翩翩归来的燕子急切寻找的春光。所以,我们仍然需要延安精神。

生:延安精神就像成长的小树需要的阳光雨露。所以,我们仍然需要延安精神。

生:有了延安精神就有了灵魂,我们可以展翅飞向美好的未来。

生:没有了延安精神就没有了灵魂,我们怎能向美好的未来展翅飞翔。

生:有了延安精神,就有了金色的理想。发展有了方向。

生:有了延安精神,就有了明媚的春光。生活是那么美好。

生:有了延安精神,就有了火红的太阳。日子是那么热烈。

师:对,一句话,延安精神就是我们走向美好未来的信念。这个未来可以是祖国的未来,也可以是我们自己的未来。未来我们自己创造,请对自己说——

生:艰苦奋斗、自力更生。

【案例分析】

诗歌用抒情的语言在讴歌延安精神对于美好未来的重要价值。它是形象的、美的,也是理性的、凝练的。如何让延安精神的种子在学生的心田生根发芽? 如何让劳动精神的要义在学生的价值观里成长? 尊重语文学科的规律,言说、对话是最好的途径,而言说、对话的载体一定是文本本身,脱离

文本本身的言说、对话是"空谈"。老师以"今天我们还需要延安精神吗"为话题,引导学生去思辨。这个话题是没有争议的,观点表达可以非常明确:今天我们仍然需要延安精神。话题的意义在于去思考:为什么今天我们还需要延安精神?我们可以抛开诗歌本身侃侃而谈,但那不是语文学科的任务。语文学科的任务是在听说读写的实践中完成精神的建构和思想的深邃。老师要求学生读全诗,找关键句子寻找理由的活动很"语文",更精彩的是提供给学生言语表达的支架,让学生选择句式,把诗句转化为自己的语言进行表达,在这个环节中,学生完成了意义深化的过程。学习的过程充分遵循了语文学习的规律,同时,在语文学习中,我们可以发现学生通过一次次的言说,从不同的角度,不同的层面强调和深化了延安精神的核心价值。

【案例反思】

语言是思维的外在,思维是语言的灵魂。思辨训练是学生运用语言促进思维的宽度、广度、深度、流畅、创新的主要途径。为促进思辨的深入,思辨话题的设计要充分考虑思维的开合与深浅。同时,更应该关注思辨表达的形式载体,研究文本,解读文本,以文本为载体,设计适合的言语形式,让学生完成对文本的二次创造,在言说中建构对文本意义的深度理解。

《延安,我把你追寻》用诗的形式讴歌延安精神,用诗的审美语言表达自力更生、艰苦奋斗的劳动精神对于时代发展和个人成长的重要意义。意义很深刻,语言很重要,语文学科需要坚守的语文立场,在充分的语文实践中完成精神的植入。统编语文教材有很多文本用了具体的形象、感人的故事、细腻的镜头表现着劳动观念,我们在语言实践中,切莫忘记劳动意义、观念、情感的适切浸润。因为劳动是人的本质存在,我们培养的是有文化修养、理想信念、道德涵养、创新开拓的劳动者。

第二章　识字教学与劳动教育融合的案例探索

　　识字教学如何融合劳动教育？我们得发现识字教学与劳动教育之间的融通点。

　　从教学目标看，识字教学的主要目标是认识常用汉字，掌握汉字的基本意义，发现汉字的一些规律并能积极运用。"人生识字聪明始"，以汉字识记为基础的语言经验，是"有理想""有本领""有担当"的新时代劳动者的必备知识，唯有丰富的汉字积累，才可以拓展更广阔的劳动世界，才可以有能力探究未知的劳动世界，才可以创造更美好的劳动生活。所以，对于低年级孩子来说，汉字的生活劳动运用是识字教学与劳动教育融合的一条途径。

　　从汉字的识字过程看，汉字虽是符号，但汉字语码生成的源头，却有一段段具体的历史，有一个个生动的故事。"汉字起源于劳动"的观点为识字教学与劳动教育融合找到了一个科学的学理依据。从结绳记事到仓颉造字的历史追溯里，我们发现象形是汉字造字的基本方法，而后才有了指示、会意、形声等造字法。从汉字象形造字的字理源头探究，我们发现一些常用的基本字大多与劳动相关。如"人""田""男""手""采"等汉字，都可以从劳动的场景、劳动的对象、劳动的主体、劳动的姿态等方面去探究，从而完成汉字的意义理解和字形的书写规范。由此，我们可以在汉字的识字过程中引领学生认识劳动世界，理解劳动生活，培养劳动情感，在汉字的识记过程中既得"字"，也悟"理"，在得"字"中悟"理"。

　　当汉字包蕴着劳动之"理"时，必然是我们教学时需要照拂和关注的内容。

第一节 识字与认识劳动世界相融合

先人对文字的创造最早源于劳动的需要。人们以劳动为主要方式，与他人交往、认识自然、改造自然，参与各种社会活动，他们在劳动中创造了记录劳动经验、事件、体验等象形符号，后来再演变成文字符号。文字虽是符号，却是人类智慧的抽象表达。由汉字组织而成的各种形式的语词、文篇，甚至典籍，都是对于这个劳动世界的抽象概括，记载着劳动世界需要遵守的规则，需要掌握的技能，需要了解的各种信息。文字在一定程度上是带着劳动的情感和痕迹的。我们在识字的基础上，在理解语词中认识劳动概念，在阅读文章中建构劳动意义，在走近典籍中感受世界文明。所以，文字识记是帮助儿童深入地探索劳动世界，认识劳动的本质和意义的一条途径。识字教学为儿童打开了一扇通往劳动世界的大门。

"识字与写字是阅读和写作的基础，是第一学段的教学重点，也是贯穿整个义务教育阶段的重要教学内容。"所以，我们在低年级学生识字教学时，通过充分挖掘教材的文本情境，积极发现可与汉字联结起来的劳动世界，促进儿童从识记汉字开始慢慢积淀走向世界的自信。

下面是我们在识字教学时融合劳动元素，以识字为途径促进孩子认识劳动世界的几则典型案例。

案例一：趣味识字，发现劳动创造中的中华传统美食
——《中国美食》教学片段

【案例背景】

《中国美食》是二年级下册第二单元的一篇识字课文。课文以图片配文字的方式呈现了 7 种菜肴，每个菜肴名中都有食材名称，如"菠菜、茄子、蘑菇"，其中"菠、茄、蘑、菇"都是需要识记的形声字。除此之外，菜肴名中还都包含一种烹饪方法，其中"煎、烤、煮、爆、炖"等烹饪方法与火有关，是本课要重点识记的形声字。主食的名称以举例的方式呈现，也包含需要识记的形声字。统编教材倡导识字要结合汉字特点，遵循学习规律，在具体语境中识记，并在不断复现中进行趣味识字。无论是识字单元，还是课文单元，都应

遵循此教学原则,依理识字。下面的教学片段组织学生了解丰富的中国美食,借助"买菜""做菜"的劳动情境,识记汉字并理解美食世界带着颇多劳动意义的诸多元素。

【教学片段】

师:小厨师们,准备大显身手啦! 先来做一道凉拌菠菜。怎么做? 大厨教你这样做,第一步——

生:煮菠菜。

师:第二步——

生:沥干水。

师:第三步——

生:加调料。

师:最后——

生:拌一拌。

师:(拿出半成品凉拌菠菜)谁来拌一拌? (生纷纷体验)

师:一道凉拌菠菜做好啦! 谁想来上菜? (一生上台上菜)

师:上菜要有一点仪式感。上菜的小朋友说"凉拌菠菜,上桌喽!"我们回应他"好嘞! 凉拌菠菜,上桌喽!"一起来试试。

台上学生:"凉拌菠菜,上桌喽!"

所有学生:"好嘞! 凉拌菠菜,上桌喽!"(板贴"凉拌菠菜")

师:在这道菜中,还藏着一种烹饪方法,谁能快速地找到?

生:就是拌。因为是凉拌菠菜,必须"拌"才能做出来。

师:这就是刚才我们做的动作——拌! 其余六道菜的烹饪方法,你能自己从菜名中找出来吗? 圈一圈,和同桌说一说。

(学生自己圈,小组交流。)

师:挑一个来说一说。

生:香煎豆腐是"煎"。

生:红烧茄子是"烧"。

生:烤鸭是"烤"。

生:水煮鱼是"煮"。

生:葱爆羊肉是"爆"。

生:小鸡炖蘑菇是"炖"。(大屏幕依次圈出)

师:一下子全都找出来了。让我们把这些烹饪方法请出来吧!(开火车读,去拼音男生读、女生读)

师:这些字根据偏旁可以分成两组,你能分一分吗?

生:一组是火字旁,一组是四点底。

师:火字旁的字和火有关,四点底的字呢?

生:四点底的字也和火有关,可能火力稍微小一点。

师:你研究过。四点底也和火有关。来看看我们一年级学过的字——

生:黑。

师:下面在烧火,上面是个烟囱,意思就是火烧时间久了把烟囱熏得漆黑。"煎、煮"和"黑"一样,都把火写在下面,变成了四点底。一起再读一读这6个字。

生:煎、烧、烤、煮、爆、炖。

师:虽然这些烹饪方法都要用上火,但是火的大小和用法可不一样。先来看这两个字,你知道区别吗?(出示:煎、烤)

生:"煎"的火要稍微小一点,要有油。"烤"要直接和火接触。

师:你真是一位厉害的小厨师。正像他所说(出示字典解释),"煎"的意思是?

生:把食物放在少量热油里弄熟。(辅助视频出示)

师:"烤"的意思是?

生:把东西放在火的周围使干或使熟。(辅助视频出示)

师:了解了烹饪方法,再来做菜就不难啦!先做香煎豆腐,一点点油,放进豆腐,快速翻面,很快,香煎豆腐就做好啦!再做烤鸭,先烤,再片鸭。香喷喷的烤鸭也好啦!这两道菜,谁来上?(生对读)

师:谢谢两位小厨师。剩下的4种方法,你知道差别在哪里吗?

生:"煮"和"炖"都是放在水里的。

师:道出了一个秘密,它们都要用水,但时长不同。一般"炖"的时间要比"煮"的时间久。(辅助视频出示)

生:"爆"的火是很猛的,把锅里的食物都翻起来。

生:"烧"就是火不太大也不太小,中等的火。

师:果然难不倒小厨师呀!了解了烹饪方法,咱们就可以来做菜了,谁来做?[课件出示:我通过(烹饪方法),用(食材)来做(菜品)]老师来打个比方:我通过拌,用菠菜做成了凉拌菠菜。(生说,上菜)剩下的菜肴谁来做一做啊?

　　师:红烧茄子,谁来做?

　　生:我通过烧,用茄子来做红烧茄子。

　　师:上菜吧!

　　生:红烧茄子,上桌喽!

　　生:(齐)好嘞! 红烧茄子,上桌喽!

　　生:我通过爆,用羊肉来做葱爆羊肉。

　　师:有两种食材,我们用一个"和"字来连接,谁来挑战一下?

　　生:我通过爆,用葱和羊肉来做葱爆羊肉。葱爆羊肉,上桌喽!

　　生:(齐)好嘞! 葱爆羊肉,上桌喽!

　　师:最后一道菜,也有两种食材,谁来做?

　　生:我通过炖,用小鸡和蘑菇来做小鸡炖蘑菇。小鸡炖蘑菇,上桌喽!

　　生:(齐)好嘞! 小鸡炖蘑菇,上桌喽!

　　…………

　　师:在小朋友的努力下,一道道菜都上桌啦。让我们一起再读读菜名!
(齐读菜名)

【分析与反思】

　　以上教学片段,教师在组织学生识记汉字,也在引导学生认识劳动世界的一个侧影——中国美食。教师在"做菜"环节,先从一道"凉拌菠菜"导入,让学生自己动手操作,体会烹饪的乐趣,拉近课堂与劳动世界的距离,也为学生以小厨师的身份认识烹饪这一特殊的劳动样态做好了铺垫。学生认读菜名,在菜名中自主发现烹饪方法,并归类认识四点底的字和火字旁的字,了解四点底和火字旁的字都和火有关。此外,教师还渗透汉字文化,穿插字理和查字典理解生字的教学内容,使学生既感受到汉字文化的博大精深,也体会到烹饪劳动的趣味。仔细分析上述片段,我们可以发现里面还藏着执教者在有趣的识字教学过程中向学生做了一次扎实的劳动审美的引领。

　　1. 集中识记菜名,打开一个美食世界

　　《义务教育语文课程标准》(2022 年版)指出"起步阶段的语文教育,应尊重儿童,准确把握儿童身心发展的特点,关注学生已有的认知经验和生活经验……"《中国美食》是一篇集中识字课文,教材从蔬菜、荤菜、点心 3 个方面图文并茂地向学生打开了一个美食世界,学生在识记汉字,也在认识各种各具特色的美食。集中识字能在单位时间里大量识字,但也带来因为缺少文本情境而使过程识记略显枯燥的弊端。上述案例中,教师在教学"凉拌菠菜"时,通过让学生扮演美食的创造者"小厨师",让学生动手做一做的方法,既帮助学生趣味理解"拌"的意思,也认识了一种美食制作的方法。所以,汉字识记是学生认识劳动世界的基础。教师可以在识记中巧妙地把这个世界引向课堂,既让汉字识字的过程变得有情有趣起来,也让学生的认知视野变得开阔起来。

2. 归类识记汉字,认识几种烹饪方法

《中国美食》是小学低段教材中第三次出现归类识字的教学内容。上述教学片段中,教师在教学"煎、煮、烧、爆、烤、炖"这 6 个字时就采用了归类识字的方法。"煎、煮、烧、爆、烤、炖"都是烹饪劳动的具体方式,不同的烹饪方式生产各具特色的美食。美食能带给生命存在非常直接的愉悦刺激和审美体验。教师组织学生认识"拌"这个形声字,了解"拌"的烹饪过程,再由"拌"延伸出其他菜品的烹饪方法"煎、煮、炖、爆、烧、烤",并集中识字。

"煎、煮、烧、爆、烤、炖"是多种烹饪方法,如果都按照字面上的意思一个个跟学生讲解,低年段的学生不容易理解,甚至觉得枯燥无味。六七岁的学生以具体形象思维为主,通过多媒体演示以上烹饪方法,学生就能直观地感受劳动,文字与劳动场景联系,让识字过程生动起来。如播放"煮"和"炖"的视频,学生会说都跟水有关,"煮"和"炖"是要把食材放在水里,但"煮"的时间短,"炖"的时间长。如此,既识记了一组词,还借这些字词,打开了一个厨师的劳动世界。

3. 趣味识字,认识一个生活世界

在汉字的梳理与积累中,复现是强化识记效率的重要方法,且如果能在具体的生活情境、语言场景的运用中复现,不但能提升汉字的识记效率,还能促进学生的语言运用。上述案例中,教师设计了"上菜"这个充满生活仪式感的趣味游戏,学生在熟悉的生活情境中,一唱一和,有应有答,汉字在情境中不再是符号,而是鲜活的生活镜头。学生在轻松的游戏氛围中了解各种烹饪方法,并能在教师的引领下,说说烹饪方法、烹饪食材,简单介绍如何制作中国美食。整个学习过程充满了"烟火味",学生在了解菜肴基本制作

方法的基础上,认识了各个生字。一句句上菜的口令,看似简单,却时时复现生字,激发学生识字的兴趣和愿望,趣味识字贯穿在劳动创造美食的全过程中。

《义务教育语文课程标准》(2022年版)指出:"低年段识字写字教学的目标首先是要让学生喜欢学习汉字,有主动识字、写字的愿望。"在识字教学过程中,为了让识字、写字教学更扎实有效,教师应该避免枯燥无味的机械操作,采用灵活多样的教学策略,引导学生积极参与,激发学生学习汉字的兴趣,使其逐步养成良好的思维习惯和培养自主学习的能力。联系劳动场景,想象生活镜头,模拟劳动方式,都是让识字生动起来的有效策略,也是识字教学与劳动教育融合的具体操作路径。

案例二:生活识字,感受日常生活中的劳动风采
——《小书包》教学片段

【案例背景】

卢梭说过:"在人的生活中最主要的是劳动训练。没有劳动就不可能有正常的人的生活。"劳动是促进儿童由自然人走向社会人的主要途径,低年段的语文学习中,可常常让识字与真实生活联结,学生可以在基于"劳动"的生活中,有效地完成"汉字的梳理与积累"任务,同时,完成劳动观念的启蒙,学习自理日常生活,体验劳动的乐趣。

《小书包》是部编版教材一年级上册的课文,用短小精悍却充满趣味性的儿歌,描述出书包中的文具,要求学生识记文具,明白文具是学习的工具,是我们的好朋友;教育学生爱惜文具,指导学生学习整理文具,在基于生活情境的语言实践中,树立正确的劳动观念,热爱劳动,自己能干的活自己干。

【教学片段】

师:文中的小书包里有什么呢?

生:有课本、作业本、铅笔、转笔刀。

(教师出示词卡,逐一领读。)

师:这些东西都有一个共同的名字,大家知道是什么吗?

生：文具。（学习用品）

师：文中的小朋友给了这些文具一个特别的称呼，大家能找到吗？

生：是"宝贝"！

师：（赞扬地）同学们找的真准！"宝贝"这个词大家应该经常听到，爸爸妈妈平常有没有叫你们宝贝呀！

生：有！

师：（缓慢、温柔地）这样称呼你们，表达了爸爸妈妈对你们无限的珍视与疼爱。那文中的小朋友称呼他的文具是"宝贝"，你们觉得这么称呼有什么含义呢？

生：小朋友喜欢它们。

师：那我们应该怎么对待我们自己的文具呢？

生：我们要爱惜文具，仔细使用。

师：我们再看下一句，大家齐读。

生：上课静悄悄，下课不乱跑。

师："静悄悄"这个词语很有意思，它的后两个字是一样的。大家还能想到别的词语也是这个形式的吗？

（学生回答。教师补充：笑哈哈，胖乎乎，喜洋洋，沉甸甸，金灿灿。）

师：大家再看这句话，"上课静悄悄"，文具怎么可以静悄悄呢？所以说，这句话讲的是上课时，我们要静悄悄，要认真听讲，不玩文具。那老师想问大家，"下课不乱跑"又是什么意思呢？

生：下课了，我们要及时整理文具，不乱丢乱放。

师：同学们真聪明！文具是我们的好朋友，我们一定要爱护、整理它们。同学们，你们平常是怎么整理摆放桌上的文具呢？（鼓励地）哪位勇敢的同学可以向大家展示一下呢？

（学生展示。）

师：（赞扬地）同学们，这位同学摆放得好不好呀！

生：好！

师：最后一句，大家齐读。

生：天天起得早，陪我到学校。

师：小文具们真辛苦呀，它们一大早陪我们来到学校，一整天辛苦忙碌陪我们学习，我们更要爱护它们，对不对？

生：对！

师:文具们是通过书包陪我们来到学校的,所以我们每天上学前,都要整理好书包,带好文具来学校,你们平常是自己整理书包的吗? 你们会整理书包吗? 知道怎么整理书包的同学请举手!

(学生举手。)

师:同学们真棒,老师知道你们都是很能干的,都是劳动小能手! 接下来,我们就来进行一个小比赛,就比赛整理书包,看看哪位同学的书包整理得最快、最整齐。

(学生整理书包。)

师:同学们整理得都非常棒,相信大家在家里也能像今天这样好好整理书包,做一个爱劳动的好孩子。刚刚老师看到,我们每位同学的小书包都很好看,都很特别,你喜欢你们的小书包吗?

生:喜欢!

师:为什么呢?

(学生自由回答。)

师:那大家的小书包里有什么呢?

(学生回答。教师补充词汇:橡皮、尺子、笔袋,出示词卡。)

师:接下来我们用一个句式来描述我们小书包中的文具——我的小书包中有……有……还有……哪位同学能用这个句式来描述一下自己的文具呢?

(学生回答。)

师:最后,我们再来齐读一次这首儿歌,要读出对文具的爱惜和保护,预备,起!

(学生齐读。)

师:在今天,我们学习了小书包中有哪些文具,这些文具每天陪伴我们上课、学习,是我们学习的好伙伴,我们一定要爱惜它们。希望大家在今后都要自己整理书包,自己的事自己干,做独立的好孩子!

【分析与反思】

以上教学片段,首先,教师带领学生认识了书包中的文具,教导学生文具是我们的好朋友,我们要爱护文具,好好整理文具;其次,通过进行桌面文具整理展示、书包整理比赛锻炼了学生的动手能力和劳动小技能,通过引导学生描述自己的小书包锻炼学生的口语表达能力;最后,通过课堂小结,呼吁学生自己的事情自己干,锻炼自理能力,培养生活能力。识字已与学生的世界融为一体。

1. 生活劳动融入课文学习

陶行知先生提出"生活即教育,用生活来教育,为生活而教育",由此可见,教育和生活是紧密联系的,联系生活实际进行教学既可行也必要。学习即生活,生活即学习。学以致用,知行合一,将学习融入生活中,才是真正的学习。在学校的学习生活中,学生面对的最多的就是自己的文具,整理文具,整理书包是每个学生都要面对的生活劳动。在《小书包》课文的教学中,除了要进行识字方面的教学,还要进行劳动意识和劳动能力的培养。上述片段教师由诵读儿歌开启教学,抓住"宝贝"一词,指导学生联系生活情境,理解文具是学生的"宝贝",爱护疼惜之情油然而生,认识到我们应该爱惜文具,不能乱扔乱放。在进行最后一句儿歌的教学时,让学生联想自己的学习生活,知道文具陪伴着自己度过了学习成长的点点滴滴,强化对文具的爱惜之情;让学生表述自己的书包有哪些特点,书包中有哪些文具,也是立足自身联系实际培养口语表达的能力,在语言实践活动中,建构爱文具的意义,培植学会整理文具的意识。只有将生活劳动融入学习中,将学习和生活劳动融为一体,学生才能真正感知到教材中蕴藏的生活内涵和劳动素养,才能指导学生劳动能力的锻炼,培养学生劳动观念。

2. 劳动能力融入课文学习

"人在自己的劳动中创造自己并理解劳动的美。"(苏霍姆林斯基)所以劳动是促进学习中的儿童成长为一个真正完整的人的不可忽略的途径与策略。在劳动中学习知识,在劳动中学习劳动,在劳动中锻炼能力,在劳动中完成生命意义的价值建构。现代社会生活资源富足,儿童在优渥的生活环境中长大,再加上家庭教育中劳动指导的缺失,容易让孩子沾染上一些不良的生活习惯,如懒惰、怕吃苦等。马克思认为,人之为人,正因为劳动,是劳动创造了人。那么远离劳动,也必然造成人的退化,它不止反映在体质上,还反映在品质与意志上。一个没有经过劳动磨炼的人,是难以懂得生活真味的,他也注定无法担当"大任"。劳动使人知道生活是怎么回事儿,劳动培养人的坚韧与毅力。因此,培养学生的劳动能力至关重要。

在本案例的教学片段中,教师充分挖掘教材中的劳动元素,根据教材特点既树立学生粗浅的劳动观念,也指导学生学会整理文具。将两个劳动实践融合到课堂教学中,一是整理桌面文具的展示,二是整理书包的比赛。首先,在识字教学中设计这样的小活动无疑是可以调动学生的学习兴趣,激发学生的识字热情,活跃课堂氛围的;其次,这样的小活动设计直面生活,可以培养学生的动手能力,通过课堂互动小活动激励学生的劳动热情。在学生完成劳动实践后,教师加以适当的鼓励和赞美,让学生从心底里认为劳动光荣,孕育出学生的劳动感情,播下劳动审美的种子。

第二节　识字与表达劳动生活相融合

低年级的汉字学习遵循"认写分开""多认少写"的原则。"会认"的汉字教学要求是"二会",即能在具体的语言情境中准确认读,并能准确理解它在具体语言环境的意义。"会写"的汉字教学要求有"四会",即在"二会"的基础上,再加上两个要求,能正确书写汉字,并能在具体的语言环境中正确运用。为提高汉字的识记效率,我们在教学实践中探索出许多汉字识记的方法,也归纳出汉字识记的教学规律或原则。"音形义"结合是汉字教学时须遵守的一个基本原则,并由此衍生出识记汉字与运用相结合的次原则。确实,能准确运用是汉字识记有效的综合表现,学生能读、能写、理解准确,也就能正确运用;反之,学生如果能正确运用,我们就可以判断学生能理解、能写、能读。所以,在识字教学时,我们会关注学生的正确运用,关注学生能运用汉字表达自己正在经历的世界或事件,当然,自己正在经历的世界或事件有一部分是包蕴着劳动元素的,有一部分则是需要我们对儿童做一个"劳动审美"的价值引领的。

如一位教师在教学《大还是小》一文时,组织学生认读"自己穿衣服""自己系鞋带"后,教师打开了在课前收集的全班同学做家务劳动、完成校内劳动的图片,让学生模仿句式说说"当我自己……我觉得自己很大。"教师在课上把全班同学的劳动照片在屏幕上滚动呈现,一年级的孩子在被发现的兴奋中快乐地表达着:

当我自己拖地的时候,我觉得自己很大。

当我自己整理小书桌的时候,我觉得自己很大。

…………

教师在与学生的对话中,反复提醒"你长大了""你懂事了"。那是因为让学生在生活情境中理解"觉得自己很大"的"大"十分关键。"大"的意思是什么？学生在跟老师的交流中，明白了"大"不只是"长大了"，还是懂事了，会劳动了，爱劳动了，有独立能力了，自信了，感到自豪了……于是，学生在表达中，劳动自豪感油然而生，生命的自信在课堂中张扬。再加上老师的表扬，那份成长的喜悦洋溢在课堂中。

在表达中识字，即变汉字符号的抽象识记为具体，让汉字在表达中有了"用武之地"，也让汉字在表达的复现中得到强化和巩固。我们还关注表达对于学生身心成长的促进意义，学生在学习语言规范表达的同时，也在表达劳动给他们带来的生命成长的自信和自豪。

下面，我们再来看几则案例，通过案例去思考：如何在识字教学中，以表达"劳动生活"为载体，提高识字效率，同时在识字过程中理解劳动。

案例一：语用识字，劳动观念的润物无声
——《千人糕》教学片段

【案例背景】

《千人糕》是统编版语文二年级下册第二单元中的一篇课文。在以"爱"为主题的单元内，这篇课文因兼具说明性和思想性而显得很独特。文中的"千人糕"实际上就是外形普通、口感平常的米糕，课文通过孩子与父亲的三次谈话让孩子了解米糕的制作材料、生产过程需要经过很多人的劳动才能完成，情景亲切近人，语言简朴浅白，进而使我们懂得任何一样东西都是许多人共同劳动的成果，我们要尊重和珍惜他人的劳动及劳动成果。

由此可见，《千人糕》是一篇很好的渗透劳动教育的课例。那么，我们该怎样展开具体的教学，在促进语言建构与运用真实发生的同时，将劳动教育自然渗透于语言习练中，我们来看一位老师的课堂教学片段。

【教学片段】

师：同学们，上课前我们先来聊一聊你在生活中见过或者吃过哪些糕点？

生：我吃过蛋糕。

生：我吃过发糕。

生：我喜欢吃大糕。

师:看来同学们都吃过不少好吃的糕点呢!(出示图片:蛋糕、米糕、雪糕)瞧,老师今天把这些好吃的糕点带来了,我们一起念念它们的名字好吗?

师:这是香香甜甜的——

生:蛋糕。

师:用米做成的是——

生:米糕。

师:炎热的夏天,我们最喜欢吃的就是冰冰凉凉的——

生:雪糕。

师:把所有好看的糕放在一起,我们叫它们——(出示:糕点)

生:糕点。

师:大家发现了吗? 这些词语宝宝中都有一个字?

生:"糕"。

师:我们有什么好办法,记住这个字?

生:我用加一加的方法就能记住它,米加羔等于糕。

师:你真是个会观察的孩子。观察字形,用加一加记字的好办法。(出示图片:"糕"的古字)老师这里还有一种记住它的办法,看,这是"糕"字古时候的样子,左边是稻米,右边上面部分是一个羊头,下面是熊熊燃烧的大火,这是在干什么?

生:烤羊。

师:所以"糕"在古时候就是用米做成的,像烤羊一样美味、喷香的一种食物。我们带着理解再来读一读这个字,好吗?

生:糕。

师:(出示课题)今天我们要学习的课文就和"糕"有关,一起读课题。

生:千人糕。

师:看了课题,你有什么想问的吗?

生:我想知道什么是千人糕?

师:所以你想知道它是什么,对吗? (板贴:是什么)

生:我想知道千人糕是怎么做出来的?

师:这是个好问题,我也把它贴上去。(板贴:怎么做)

生:这种糕为什么叫千人糕呢?

师:是啊,为什么呢? (板贴:为什么)看来,同学们都是很会思考的孩子。接下来,我们就带着这些疑问,走进今天的课文。(出示自学提示)请大家轻轻打开课本,翻到 19 页,自个儿大声地读一读课文,读准生字,读通句子,遇到不懂的词语多读几遍。然后想一想,课文哪句话告诉了我们什么是千人糕?

(生自由朗读。)

师:什么是千人糕?书中哪句话告诉了我们?

生:千人糕就是需要很多很多人才能做成的糕。

师:很多很多人才能做成的糕是什么样子的呢?"我"当时是怎么想的?

生:我想它一定特别大,也许比桌子还要大。

师:(手拿词语卡片)老师听出来了,你读出了句子中一个非常重要的新词,就是——

生:特别。

师:一样东西非常非常大,我们就说——

生:特别大。

师:东西非常非常多,我们就说——

生:特别多。

师:今天老师在录播教室给大家上课,我的心情特别高兴,那你们呢?

生:我的心情特别激动。

师:为什么呢?

生:因为我们第一次在这么高科技的教室里上课。

师:所以你们觉得特别新奇,心情特别激动,是吗?同学们,今天我们认识了一个新词伙伴,我们一起把它送回到句子里,一起来读读这句话。(出示句子)

生:这糕要很多很多人才能做成,一定特别大,也许比桌子还大吧?

师:一块糕需要很多很多人的劳动才能做成,最后摆放在我们的面前,多不容易啊!孩子们,你们知道生活中哪些是劳动吗?

生:洗衣服。

生:做饭。

生:擦玻璃。

师:是啊,这些都是劳动。你们的爸爸妈妈出去工作,是劳动吗?

生:是。

师:科学家们进行创造和发明,是劳动吗?

生:是。

师:(出示图片)瞧,不管是在家干家务,还是在外工作,或者是在学校学习都是劳动。所以,劳动是创造精神财富与物质财富的活动。

【分析与反思】

以上片段主要展示了教师带领着二年级的学生认读"X糕""特别""劳动"这3个新词的过程。仔细分析该片段,我们可以发现,教师运用了多种教学策略,且都将劳动教育悄然无声地渗透在了"学会识字"的过程中,让学生在熟悉的生活情境中记住了汉字,读懂了字义,学会了运用。

1. 运用汉字之形感受劳动成果之美

汉字的起源与劳动有着非常密切的关系,人们在劳动中创造了记录劳动经验、事件、体验等的象形符号,后来再演变成文字符号,所以文字在一定程度上是带着劳动的情感和痕迹的,是古代劳动人民智慧的结晶。古人在长期的劳动生活中,用米粉制作出了一种可以和烤羊媲美的美食,便利用形声的造字方法,创造出了"糕"字。

因此,在识记"糕"时,教师结合二年级学生形象思维占主导的实际情况,利用追根溯源的方法,从字源入手展开教学,用汉字的构造图片化抽象为具体,化平面为立体,使学生不仅在视觉上记住了"糕"的字形,甚至在嗅觉上、味觉上记住了"糕"字的味道,更在潜移默化中让学生体会到汉字的神奇与魅力。

2. 运用汉字之义体悟劳动意义之美

《义务教育语文课程标准》(2022年版)提出,语文课程应是工具性与人文性的紧密结合。为避免劳动教育被割裂、异化,教师须关注语言运用的教学设计,还得在语言运用时关照"劳动元素"的有机融入,切忌不能生搬硬套,更不能机械说教。

教学片段中,老师让学生想一想生活中的劳动有哪些?此时教师是对话的发出者,教师在和学生的对话中适时引领,让学生明白生活中的劳动形态是丰富的,有生活性劳动,有服务性劳动,还有创造性劳动。最后总结"劳动创造物质财富与精神财富"点明劳动意义。整个教学过程中,老师旨在运用汉字之义的理解,让学生体悟劳动意义。

不过,我们要注意的是"劳动创造精神财富与物质财富"这个劳动意义很抽象,二年级的学生理解这个意义是有困难的,所以,我们不能只是简单地告诉,而应该再设计语言运用,让学生在运用中,在基于课文事例的言说中理解与体悟。如我们可以让学生走进故事中,重点指导学生读好爸爸和孩子的对话,再指导学生抓住对话中的重点词语"磨粉、熬糖、加工、包装、送货、销售",引领学生抓住任意词语进行意义表达:小小的一块千人糕是需要……才能制成的。通过语言的运用过程,让学生在言说中认识到我们吃的每一块千人糕都需要许许多多劳动者付出辛勤的劳动。再而层层推进,引导学生明白世界是劳动着的,每一个人都是劳动者,都在为社会创造财富,都在为世界变得更加美好而努力,进而让学生理解劳动是可贵的,劳动是不易的,要尊重每一位劳动者,珍惜每一个劳动成果。

新时代劳动教育是时代发展的需要,也是学生发展的需要。语文教师应当以课程的宏观视野去寻找语文教学与劳动教育的融合点,在润物细无声中,形成语文、劳动的双重奏鸣。

案例二:探究识字,在探究中感受劳动美
——《田家四季歌》教学片段

【案例背景】

《田家四季歌》是二年级上册第二单元(识字单元)的一篇课文,按照春夏秋冬的顺序,描绘了农民的农事活动,以简练的笔墨勾画了四幅田园风景图,用凝练的语词歌唱了种田人的辛勤劳动。本片段教学载体是第2小节,以随文识字为主,立足文本感知字义,让学生经历具体的识字过程,积累识字方法和识字体验,提高学生识字主动性的同时,让学生进一步体验劳动的魅力。

【教学片段】

课件出示:
夏季里,农事忙,
采桑养蚕又插秧。
早起勤耕作,归来戴月光。
师:读了这段话,你知道了什么?
生:我知道夏季里,农民有很多事情要做,很忙。

师:(出示字卡"农事忙")我们一起来读一读这个词语。

生:农事忙。

师:农事指农业生产中的各项工作。"农",后鼻音读准确,拼读,谁能给它找个好朋友呢?

生:农民。

师:这是劳动的人。

生:农田。

师:这是劳动生产的田地。

师:农村。

师:这是劳动者生活的地方。

……………

师:农民都干哪些农事,请再读一读课文,一边读一边圈一圈。

生:采桑,养蚕,插秧。

师:是的,农民采摘树上的桑叶,蚕吃了桑叶,会结成蚕茧,蚕茧上抽出蚕丝织成布就能做成衣服。插了秧苗,将来能长出金黄的稻谷。我们再一起读读这句话。

生:夏季里,农事忙,采桑养蚕又插秧。

师:除了采桑、养蚕和插秧以外,一年四季,农民还要做很多农事呢。

课件出示:

播种　插秧　耕田　施肥　采桑　除草　割麦　打谷　积肥

师:我们自己读一读这些农事活动。

(生自由读。)

师:谁发现这些写农事活动的词有什么规律?

生:都是两个字组成的词。

生:都表示在做什么。第一个字是动词,后面一个字是名词。

师:谁能来说一说,像这样表示农事活动的词?

生:浇水。

生:翻地。

生:犁田。

……………

师:(课件出示农活图片)猜一猜哪一幅图片对应哪一项农活,向同学们介绍介绍。

（生连一连，说一说。）

师：谁能用上这个句式，用一句话说说农民的活动。

课件出示：

（　　　）季到了，农民们开始忙碌起来。他们有的在（　　　　　），有的在（　　　　　），还有的在（　　　　　）。

生：夏季到了，农民们开始忙碌起来。他们有的在除草，有的在采桑，还有的在施肥。

师：夏季，是田家最忙碌的日子，干完这件农活又忙着干另一件，诗人翁卷就写过一首诗《乡村四月》，（课件出示：乡间四月闲人少，才了蚕桑又插田。）我们一起来读一读。

师：再读读课文第2小节，你还从哪些句子中读出了这份辛苦。

生："早起勤耕作，归来戴月光。"早上就去耕田了，回来已经有月光了。

师：是的，我们看图猜一猜什么是戴月光呢？（出示课文插图）

生：头上有月光。

师：是的，我们什么时候会用到这个"戴"字？

生：戴帽子。

生：戴眼镜。

生：戴红领巾。

生：戴项链。

师：农民回来的时候，走在月光里，月光照在身上，这就是戴月光。有一个成语叫作披星戴月。

师：戴是把东西穿在身上，我们之前学的"带"，是把东西随身带着，比如带上水杯。

师：看来农民们要做的事情太多了。他们干农活到什么时间呢？——晚上了。他们早出晚归，多辛苦，多忙碌啊。不过，农家人用勤劳的双手，创造独属于他们劳动的快乐。我们一起带着这份对农民的尊敬来读一读第2小节。

【分析与反思】

《田家四季歌》是识字课文，也是一首吟诵田家独特风光的现代小诗。孩子在诗歌朗诵中学习探究，在探究中认识田家一年四季的不同景致，理解劳动带给田家的诗意和浪漫。

1. 探究中梳理词语规律，感受"劳动"的节奏

以上案例围绕"夏季"部分展开学习。"春种夏长秋收冬藏"是农业生产的一般规律，田家四季以不同的劳动样式打造乡土别样的迷人风光和风俗人情。诗句中的"采桑、养蚕、插秧"是夏天农事活动的典型，借助这些词语，学生了解农业社会的基础劳作，还可以从忙碌的劳作中感受到劳动的愉悦。这样的情绪体验来自词语的形式，3个词语都是动宾结构，教师引领学生在诗中提取农事活动信息后，适时联结生活"你还知道哪些农事活动?"指导学生仔细观察词组，发现词组中的规律，再通过朗读，感受到双音节词语的轻快节奏。这是词语节奏，也是劳动节奏，在节奏中潜移默化地感受劳动的美。

2. 探究中学习语词运用，理解"劳动"的忙碌

语文学习要主动肩负起"树人"的任务，所以语词学习不只是为夯实语文学习的基础，还得引领学生由语词认识世界，由语词促进学生生命的成长。教师对表示农事的词语作了梳理后，通过连一连的方法，图词联结，从词到图，认识具体丰富的田家四季劳动样貌，再给予语言支架，让学生说说："(　　　　)季到了，农民们有的在(　　　　)，有的在(　　　　)，还有的在(　　　　)。"辅以语言支架，在反复的语言实践活动中，理解"劳动"的忙碌，既积累词语，又学会运用，还感受到了农家四季的繁忙景象。如果可以和学生就"农民们心情如何"展开一次充分的对话，学生就可以初步体味夹杂在忙碌劳动中的那份快乐和期待。

3. 探究中联结相关知识，欣赏"劳动"的诗意

以上片段的教学容量是丰富的，除了让学生读诗识字学词，还根据小诗情境进行适切的知识关联。由夏季的忙碌，联结翁卷的诗句"乡村四月闲人少，才了蚕桑又插田"，由"早起勤耕作，归来戴月光"联结成语"披星戴月"，想象到"日出而作，日落而息"的田家生活的忙碌与美好。教材、古诗、成语是语文课程的学习对象，而由这些学习对象承载的却是农业社会由劳动而创造的幸福安宁的生活画面。古往今来有那么多文人墨客提笔抒写田园风光，赞赏这由劳动编织的浪漫，那是我们面对乡土，经历劳动所生发的劳动自信，也是我们内心深处的精神自信。儿童的生命基调里是需要培植"晨兴理荒秽，带月荷锄归"这份淡然而宁静的劳动情愫。

第三节　识字与理解劳动意义相融合

汉字在劳动中创造，且刚开始创造时多以单音节词呈现。但在不断地演绎中，汉字渐渐与具体的劳动行为剥离，成了抽象的符号，不再单独表示完整的或者具体的意义。如果让学生以单个汉字为对象进行识记，汉字识记缺少情境的支持，缺少意义的诠释，识记过程就会显得枯燥、单调、低效，甚至会消弭学生语文学习的兴趣。因此在汉字学习时，我们往往让学生在语言情境中识记。其中，词语是语言表达最小的意义单位，因此词语是语言情境的最小载体。如教师在教学五年级《手指》一课时，对于"搔""拧""扣"等字的识记，教师把这些汉字放在依托课文情境的一组语词中：搔痒痒、拧螺丝、解纽扣等，反复读记，联系生活经验，学生可以理解这些都是表示动作的词语，这些动作都与手有关，它们或多或少都与劳动相连。借助这些词语，学生可以收获的意义是手可以做许多事情，解决我们生活中的许多问题。只有当汉字的识记与意义关联时，汉字的识记才会变得形象起来，有趣起来；当汉字呈现的意义与劳动相关时，我们就应该担起责任和义务去帮助孩子树立正确的劳动意义。

下面我们再通过几则案例来说明，我们在汉字的识记过程中，如何借助意义的理解，去主动承担起劳动意义建构的育人价值。

案例一：词语解码，感受劳动意义美
——《千人糕》教学片段

【案例背景】

二年级下册课文《千人糕》创设父子对话情境，用浅显的文字，围绕一块普通的小米糕，阐释了劳动的大观念。课文以父子对话的形式，介绍了千人糕的制作过程，告诉我们一块普通而又平凡的糕，是许许多多劳动者共同劳动的成果。文中有许多隐含劳动元素的词语，二年级的语文学习以"语言文字的积累与梳理"任务为重点，教师可基于"梳理"与"积累"的思路，抓住隐含着"劳动"意味的语词，捋清千人糕的制作过程，让学生体会到千人糕中"千人"的真正意义。如此，才是语文学科融合劳动教育的正确打开方式。

【教学片段】

文中有很多关于劳动的词语,提取这些隐含劳动元素的关键词,以千人糕为背景,紧扣文本主题,引导学生在汉字认读的过程中认识劳动工具,增长劳动知识,了解劳动现象,理解劳动观念。

师:屏幕上出现了米糕,这些普通的米糕还有一个名字就叫千人糕,这些香香、甜甜、糯糯的千人糕上还有好多词语宝宝呢。

课件出示:

磨粉　熬糖　加工　包装　送货　销售

师:这些词语对你们来说,一定小菜一碟。先同桌相互读,认真听,若读对了,请你为他点个赞;如果有错误,请你帮他纠正,得到帮助的小朋友别忘记对同桌说一声谢谢。开始吧!

师:我邀请最先完成的同学作为小老师来带大家读词语。(小老师领读)

师:这些词语都和千人糕有关系。比如,老师挑一个词语来说:吃到千人糕需要有人把米磨成粉。谁会像老师这样说。

生:吃到千人糕需要有人把米磨成粉。

师:真能干,一学就会。那么这个磨粉的人,我们就可以称之为——磨粉工。(板贴:磨粉工)没错,把"磨"字卡片奖励给你。

师:谁也能像这样来挑一个词语,试着说说千人糕。

课件出示:

吃到千人糕需要有人(　　　　　　　)。

生:吃到千人糕需要有人熬糖。(再请个能干的小朋友说一说)

师:榜样做得好,奖励一个"熬"字小卡片。

师:这个熬糖的劳动者,就可以叫作——熬糖工。(板贴:熬糖工)

生:吃到千人糕需要有人加工。

师:对,如果能说清楚是把稻子加工成米,就更棒了。谁还想说?

生:吃到千人糕需要有人把稻子加工成米。

师:真好。把"加工"送给你。

师:稻子加工成米前,还需要种稻子,那这个种稻子的人,我们可以叫他——

生:农民。

师:或者也可以叫粮农。(板贴:粮农)

生:吃到千人糕需要有人包装。

师:"包装"奖励你。包装的劳动者,可以叫作——包装员。(板贴:包装员)

生:吃到千人糕需要有人送货。

师:我也有一张小卡片要送到你手中。("送货"给小朋友)送货的劳动者,可以叫作——送货员。(板贴:送货员)

生:吃到千人糕需要有人销售。

师:奖励你。("销售"给小朋友)销售的劳动者,可以叫作——销售员。(板贴:销售员)

师:原来我们吃到的米糕需要有这么多劳动者,做这么多事,这些劳动者做的事,如果用一个词来概括,那就是——(词语卡片:劳动)(齐读)

师:让我们用整齐的声音再来读读关于劳动的词语。(齐读词语)

师:怪不得爸爸说……

课件出示:

爸爸拿起面前的糕,说:"你看,一块平平常常的糕,经过很多很多人的劳动,才能摆在我们面前。"

师:谁愿意当爸爸读一读。(请生读)

师:你听明白爸爸的话说什么了吗?(自由回答)

师:谁能根据爸爸的话,用上"因为……所以……"说说千人糕。

课件出示:

因为( ),所以平平常常的米糕,应该叫千人糕。

师:刚才大家提了不少有价值的问题,我们先解决千人糕到底是由哪些材料和工具做成的呢? 走进课文去一瞧究竟。

师:快速默读课文,找找答案,用圆圈圈出做成千人糕的材料、工具。(生读、圈画)

(生反馈,师板贴,充实思维导图。学生说到甘蔗汁。)

师:甘蔗汁怎么来的呢?

生:先种再榨。

师:原来甘蔗汁,还需要有人先种出甘蔗来,再榨出汁,你懂得还真多呢。那么这里种甘蔗的劳动者,可以叫作——蔗农(板贴)。

(学生说到甜菜汁。)

师:甜菜汁从何而来?

师:先种再榨。

师：你懂得的也不少，考考你，那个辛苦种甜菜的人，就叫菜农（板贴）。

师：这些就是做成千人糕所需的材料和工具，有了这些所需的劳动物品，怎么做才能做成千人糕呢？我们先读读课文，再打开桌上的信封，前后四人小组讨论一下，把这些表示劳动的词卡放入思维导图中。（小组讨论合作）

师：这些关于劳动的词卡该放在哪里呢？（先请小组来汇报，小组汇报完成，有了统一的意见后，请持有词卡的小朋友上去贴）我邀请手中有红色词卡的小朋友来帮忙。谁有红色词卡？请起立。请你先来，该放在哪个劳动环境中呢？为什么想到放在这？（小朋友操作贴词）

师：这就是千人糕的制作过程，看着这满满一黑板的思维导图，你有什么想说的？

生：劳动很辛苦，要珍惜劳动果实。

生：千人糕真的经历了好多人的劳动。

【分析与反思】

1. 在运用中实现语词的解码与劳动意义的自然建构

从体裁的角度看，这是一篇带有理性色彩的说明文，主要介绍了"千人糕"的制作全过程。文中呈现的多个带有劳动元素的语词，二年级的学生能够轻松实现字面意思的解码，但是对语词背后的情感、文化等层面的解码会有一定程度的障碍和困难。如何让学生能通过语词认识一个完整的劳动世界，通过语词理解建构对劳动内涵的正确认识，直接告诉是一种方式，但比告诉更有意义的方法是尊重儿童，通过创造适切具体的语言运用情境，建构富有儿童味道的课堂，让学生在语言文字真实的运用情境中，实现语词的正确解码和意义的深度建构。上述案例中，教师在读文识字板块中，提取了文中具有劳动元素的词语展开教学，结合文本呈现的"千人糕"是需要许多人的共同劳动才能制成的这个核心概念，课堂上教师要求学生认真读文，运用语词，用"吃到千人糕需要有人（　　　　）"学习表达，学生在言说中，认识丰富的劳动行为，如种粮、种菜、包装、运输等，也在相同句式的反复中感受到"小小的千人糕，需要经历许多人的共同劳动，所以我们要珍惜，不能浪费"。在学生学习过程中，语词解码与劳动意义的自然建构同步。

2. 在图示梳理中实现语词的解码与劳动意义的直观发现

把文本转化为图示是促进儿童意义理解的思维策略，也是促进儿童阅读力提升的主要途径。二年级的学生还没学会把文本转化为图示的阅读策略，但是我们可以设计支架，让学生初步接触文本向图示转化的学习过程。教师正是基于这样的学理思考，为学生架起了课文的思维导图框架，组织学生以小组合作的形式，读课文，识语词，把语词放在思维导图的合适位置。放置语词的行为，包含复杂的学习过程，既有对文本内容的感受，又有对语词意义的解码，更有对思维导图的直观观察中生成的文本意义。网络状的思维导图，可以让学生直观地认识到劳动使世界上的人都有了联系，劳动创造了一个相互联系着的世界。这样的认识已经超越了单纯的劳动意义的本身，已经尝试着让儿童从哲学的层面去解释劳动的价值了。

案例二：聚焦动词，会点劳动技巧
——《肥皂泡》教学片段

【案例背景】

《肥皂泡》是统编教材三年级下册第六单元的一篇非常贴近学生生活而又高于学生生活的文章，文笔清新自然，情感真挚淳朴，意境深邃精美。童年冰心吹肥皂泡，不但吹出了快乐，吹出了情趣，还吹出了梦想，寄托了对美好生活的向往。在文章中，第3自然段详细描写了吹肥皂泡时的场景，聚焦孩子们的动作，蕴含了制作肥皂泡的方法，其中隐含了劳动创造快乐的元素。在现在学生的眼中，他们非常喜欢吹肥皂泡这个游戏，目前泡泡机在学生中广泛流行。但很少有学生亲手制作肥皂泡，也就少了许多劳动的快乐。在这篇课文的教学中，教师以文本为范例，希望学生能亲自去劳动，感受劳动给自己带来的乐趣，并尝试把劳动的创造写下来。

【教学片段】

师：你们玩的泡泡是买的还是做的？

生：买的。（多数孩子回答）

师：冰心奶奶玩的肥皂泡跟我们玩的不一样。

生：她是自己做的。（纷纷回答）

（板书"做"。）

课件出示：

方法是把用剩的碎肥皂放在一个小碗里,加上点儿水,和弄和弄,使它溶化(指名读)

师:"和弄和弄"还可以说成……

生:搅拌搅拌。

师:这个词语真好,真是个爱动脑筋的孩子。还可以怎样说? (生疑惑)

师:老师来说一个——搅和搅和,听过吗?

生:搅和搅和。

师:肥皂泡就这样做好了,我们一起去玩吧! (指名请两位同学读课文剩下的部分。)

师:玩肥皂泡最重要的动作是——(师演示)

生:吹。(异口同声)

(板书"吹"。)

师:吹的时候要注意什么?

生:慢慢地。

师:这样就吹成了……(引读)

生:"一个轻圆的网球大小的泡儿"。

师:吹完之后还要怎么做?

课件出示：

再轻轻一提,那轻圆的球便从管上落了下来,软悠悠地在空中飘游。
(指名读)

师:还要做什么?

生:"轻轻一提"。

师:这样一来,"那轻圆的球便从管上落了下来,软悠悠地在空中飘游"。
(范读,强调"软~悠~悠~")

师:跟着老师来读。(生跟读,"软悠悠"放回句子中,男生读、女生读)

师:吹肥皂泡有意思吗?

生:(兴奋地回答)有。

师:难怪冰心奶奶说——

课件出示：

小的时候,游戏的种类很多,其中我最爱玩的是吹肥皂泡。

生:(齐读)

师:现在我们回过头来由"做"到"吹"再到"提",(课件出示这三个句子)这三个句子是怎么连成一句话的呢? 来看看接头处,标点符号处。

师:由"做"到"吹"用了一个什么词?

生:"然后"。

师:由"吹"到"提"呢?

生:"再"。

师:这两个词有个名字叫"连接词"。

师:你还能想到哪些像这样的词?

生:最后。

生:先。

生:忽然。

师:用连接词可以把句子有顺序地连在一起,我们也来试一试。

(先和你的同桌说一说,然后在练习纸上完成。)

课件出示:

选词填空:再 然后 先 最后

植树时,我( )挖一个坑,( )把小树苗放进坑里,( )埋上土,( )浇上水,一棵小树就种好了。

(师巡视,掌握情况。)

师:谁愿意把你的想法跟大家分享一下?

生:植树时,我先挖一个坑,然后把小树苗放进坑里,最后埋上土,然后浇上水,一棵小树就种好了。(众生纷纷表示不赞同。师示意此学生坐下,再想一想,听一听别人的想法。)

生:填的分别是"先""然后""再""最后"。

师:跟他想法一样的同学举手示意。(大约一半的学生)

师:还有别的想法吗?

生:植树时,我先挖一个坑,再把小树苗放进坑里,然后埋上土,最后浇上水,一棵小树就种好了。

师:想法一样的同学仍然举手示意。

师:"最后"为什么一定放到后面?(帮助错误的孩子解决问题)

生:到最后面了。

师:就是结束了是吗?

师:填错的同学知道自己错在哪里了吗? 快速改过来。

师:肥皂泡要想玩得好,还需要……

课件出示:

如果用扇子在下面轻轻地扇送,有时能飞得很高很高。

(指名读。)

师:还需要做什么?

生:"轻轻地扇送"。

师:扇肥皂泡很有讲究。(引读)"要是扇得好……"(课件出示,生接读。)

师:老师来读一读这四散纷飞的小泡,你们闭上眼睛想象画面好吗?(师读,众生闭眼)

师:说一说你仿佛看到了什么?

生:看到了许多许多泡泡。

生:看到了五颜六色的泡泡。

生:看到了许多五彩缤纷的泡泡。

师:你这个词用得真好。

师:(引读)"要是吹得太大了,扇得太急了……"(课件出示)"颤~巍~巍"要读得"颤"一些,跟老师来读,"颤~巍~巍"。

生:"颤~巍~巍"。

师:在阳光的照射下,我们就会吹出这样"光影零乱"的泡泡。(课件出示,众生惊奇状态)

师:我们一起想象着颤巍巍、光影零乱的大泡泡再读这句话。

(生齐读。)

师:很快就要散裂了。这时,大家都——

生:"悬着心,仰着头,屏住呼吸。"

师:"屏住呼吸"谁来表演一下这个动作?

生:表演。(生做出憋住气的动作)(众生赞同)师问"你呼没呼吸?"

生:没呼吸。

师:屏住呼吸就是不呼吸。

师:说一说大家为什么要屏住呼吸?

生:怕泡泡碎了。(另有两名同学与其说法一致)

师:也就是希望泡泡能在空中多停留一会是吗?(众生赞同)

师:美丽的肥皂泡就像淘气的孩子在捉迷藏。开心吗?

生：开心。

师：快乐吗?

生：快乐。

师：所以冰心奶奶说——

课件出示：

小的时候,游戏的种类很多,其中我最爱玩的是吹肥皂泡。

（生齐读。）

【分析与反思】

在以上片段中老师先带领学生抓住"做""吹""提""扇"4个动词了解吹肥皂泡的要领,然后通过连词有序地将整个过程串联起来,最后结合学生生活实际自由言说植树的过程。综合整个教学片段,可以明显看到老师对劳动这一元素的关注,让学生在这些动作的模拟、串说中感受劳动过程的快乐,享受劳动成果的快乐。

1. 聚焦动词搭配,感受劳动动作的准确

现在的三年级学生是缺少生活劳动的。比如,我们在值日中发现很多同学不会扫地,握着扫把在地上随便比画,不明白"扫"这个动作的样子与"扫"应该有的结果。生活劳动的缺失导致理解相应的语词呈现浅化现象。因此在这个片段中,老师一开始就让学生理解什么是"和弄和弄"这是很明智的。这个词对于学生来说是陌生的,老师通过让学生找近义词"搅拌搅拌""搅和搅和"明白了意思。同理,在吹肥皂泡的过程中,老师引导学生聚焦形容词+动词这些短语,如"慢慢地吹起""轻轻地提""轻轻地扇",既是对这一类短语搭配的积累,又让学生明白整个玩肥皂泡的过程是小心翼翼,非常轻柔的,否则肥皂泡容易破碎。在这个潜移默化中,学生大致感受到游戏的动作是有轻重缓急,而不是随心所欲的。吹肥皂泡看起来是个游戏,似乎与劳动不相干,但是如果我们把它看成是娱乐生活的一个内容,那么吹肥皂泡也就成了体验美好娱乐生活的一个快乐劳动。

2. 聚焦动作顺序,有序梳理劳动过程

在我们的生活中,无处不存在着劳动,劳动不是一项简单的身体动作,而是一个有序的行为。在第3自然段中,冰心用"先……然后……再……"将3个主要动作串联起来,将整个吹肥皂泡的过程写得清楚明白。

老师敏锐地抓住了这一点，先是让学生自己尝试用上类似表示先后顺序的关联词将整个过程串联起来说一说。然后又与已学课文《邓小平爷爷植树》联系起来，这篇课文中也包含了植树这一劳动的有序性。将两者融会贯通，说一说植树的过程。学生又一次掌握了劳动需要有先后顺序，有步骤、有计划地展开。这里需要改进一点，老师可以让学生联系生活实际，用上关联词，自由地说一说自己做某一项劳动时的顺序。这样可以由课堂延伸至生活，更加贴近学生实际。

3. 聚焦动作想象，体验劳动成果的可贵

在实际课堂中，我们缺少实践操作的可能。但学生拥有无穷的想象，想象给了我们在脑海中模拟劳动场景的可能性。在感受泡泡破裂时，老师让学生闭上眼睛想象看到了什么？这时聚焦"悬着心""仰着头""屏住呼吸"，学生运用各种形容词说出自己看到的泡泡以及看到这样美丽的泡泡破裂时的内心想法。这凸显出的是学生对劳动果实的珍惜之情。我想，对于儿童来说，最为可贵的就是对劳动成果的珍惜。

第四节　识字与培养劳动情感相融合

劳动创造财富，无论是物质的还是精神的，都可满足我们实现生命价值的高层级需求，所以我们认为健康的劳动是带着审美意味的，劳动过程中是伴随着积极的、愉悦的、满足情绪的。只不过这份劳动的情感不是与生俱来的，而是需要我们去精心呵护、用心培植的。在识字教学中，怎样培植这份情感呢？怎样为孩子树立起正确的劳动价值呢？我们在实践中发现，除了可以强化文本本身传递的愉悦的劳动情感外，最有效的策略是通过课堂评价，影响学生形成正确的劳动价值观，强化学生体验积极的劳动情感。

如在教学《大还是小》课文时，教师引导学生在阅读中识记汉字，教师问学生："文中的小朋友到底什么时候很大呢？在哪个自然段找到了？请读给大家听。"学生举手朗读句子："我自己穿衣服的时候，我自己系鞋带的时候，我觉得自己很大。"教师出示词卡"穿衣服"，引导学生读准字音，特别注意"服"读轻声。接着教师问学生："自己穿衣服"的请举手，课堂上好多孩子高高地举起了手，教师捎带着夸张地向着全班同学说："啊，你们都长大了！这个短语一定能读得更好听。"学生在后续的朗读中，声音响亮，一脸自豪。

而后,教师联系生活劳动,和学生交流。

师:真好。我听出了你们的自豪。

师:早上起床,我们自己——

生:穿衣服。

师:晚上要睡觉了,我们自己——

生:脱衣服。

师:衣服脏了,我们还会自己——

生:洗衣服。

师:像这样,在衣服前面还能搭配什么不同的动作呢?

生:收衣服。

师:你会收衣服吗?

生:傍晚,我和妈妈一起收衣服。

师:你不但能干,还很懂事。这样的孩子让人喜欢。

生:晾衣服。

师:你看到谁晾衣服了?

生:我看到外婆把洗好的衣服晾起来。

师:外婆虽然年纪大了,可是劳动仍是一把手。外婆真了不起。

生:折衣服。

师:你会吗?

生:我会。我能自己折衣服。

师:你也是个劳动小能手。

师:(出示"系鞋带")这个词,你会读吗?

生:系鞋带。

师:你会自己系鞋带吗?

生:会。

师:不是别人帮,是自己系!真有本事。

师:这个小朋友自己的事情自己做,我们也为他感到骄傲,就用这种语气读好这段话。

生:我自己穿衣服的时候,我自己系鞋带的时候,我觉得自己很大。

课堂情感是促进学生努力学习的推动剂。教师的教学评价、教学反馈是影响课堂情感的主要元素。上述案例中,我们发现老师的教学反馈、教学评价都能紧紧围绕"劳动促进人的成长"这个情感主旨,都在努力点燃学生心中"爱上劳动"的火花。在识记"自己穿衣服"后,当老师了解学生都能自己穿衣服时,用饱含热情的语言夸赞能自己穿衣服的小朋友长大了,很能干,很了不起。和学生对话,引导学生说说"我看到了妈妈洗衣服""外婆晾衣服"等生活劳动事件时,反馈点拨也都围绕"劳动着的人很能干""劳动着的人很了不起"展开。在学生表达"我自己……的时候,我觉得自己很大"时,更是反复强化,"你长大了""你很了不起""爱劳动的孩子最可爱"等。当教学反馈与识字内容的情感一致,识字过程会显得充满趣味而有质感。所以,当识字的内容指向劳动时,识字应该主动承担起培植劳动情感的任务。

当然,不是所有的汉字教学都需要附加这些内容,都需要承担起培植劳动情感的责任。我们再通过几则案例去思考,培植劳动情感,我们还可以怎样巧妙运用教学策略去达成?

案例一:联结生活劳动　体味奉献的幸福
——《语文园地三·胖乎乎的小手》教学片段

【案例背景】

《胖乎乎的小手》安排在统编教材一年级下册第三单元,是语文园地中"与大人一起读"栏目下的一篇选文,主要讲述兰兰胖乎乎的小手帮家人拿过拖鞋、洗过手绢、挠过痒痒,从而使全家人都喜欢这双胖乎乎的小手,从选文中我们感受到了兰兰从小爱劳动,为长辈服务的劳动意识。课堂里的孩子与选文中的孩子是有客观差距的。课堂里的孩子在优渥的生活资源里,有不少得了"皇帝病""公主病",在家都过着养尊处优的生活。他们衣来伸手,饭来张口,劳动的服务意识严重缺失,日常家庭生活、学校生活、社会生活中没有主动劳动的习惯,没有"做力所能及的事"的劳动技能。选文以"与大人一起读"的学习新模式,可以让学生在与大人的对话中,收获关心长辈、孝敬父母的行为指南:担起家庭责任,为大人做力所能及的事,并懂得劳动的可贵,培养热爱劳动的好习惯。

【教学片段】

师:胖乎乎的小手替爸爸干什么了?

生:拿拖鞋。

师:想一想,爸爸什么表情?

生:高兴、开心、快乐……

师:工作了一天的爸爸,穿上了胖乎乎的小手为他拿的拖鞋,心里高兴极了,肯定要夸兰兰的,他会怎么夸呀?

生:你真是个能干的孩子!

师:谁能用书上的话夸一夸。

(生带感情读爸爸的话。)

师:你读得真像一位幸福的爸爸。谁还想读读爸爸的话。(指名读)

师:你的"拿拖鞋"读得真好。读重了一些,我请全班男同学像爸爸那样高兴地夸夸兰兰,可以吗?(男生齐读)

师:你看这位爸爸多高兴呀!

师:兰兰为妈妈干什么了?

生:洗手绢。

师:你们会洗手绢吗?

生:我会自己洗手绢。

师:呀!兰兰把手绢洗得这么干净呀。

师:谁愿意读读妈妈说的话?

(生读。)

师:课文中妈妈是怎么说的?(笑着说的)想一想妈妈平时是怎么笑的,学妈妈的样子笑一笑,像这样能读好妈妈的话了吗?

(生读妈妈说的话。)

师:好,现在我们全班女同学像妈妈一样笑着读一读。

(女生读。)

师:读得真好!

师:那除了爸爸、妈妈喜欢兰兰的小手,还有谁也喜欢这胖乎乎的小手呀。

生:姥姥。

师:是呀,姥姥也特别喜欢兰兰的小手,因为什么呀——帮姥姥挠过痒痒啊。是呀,兰兰挠的痒痒可舒服了,谁来当姥姥夸夸兰兰?

(指名读。)

师:读姥姥的话时应该注意什么呢?

生：读得慢一些，因为她年纪比较大。

（生读姥姥的话。）

师：读得还真挺像一位姥姥的。

师：我们一起来读读这三句话吧！（齐读）

师：听了全家人的赞扬，兰兰可高兴了，她决定长大以后做什么呢？一起读课文最后一段。

课件出示：

兰兰明白了全家人为什么都喜欢这张画。她高兴地说："等我长大了，小手变成了大手，它会帮你们做更多的事情！"

师：你觉得兰兰长大后，会帮家人做什么事呢？

（生说。）

师：兰兰长大后能为全家人做这么多事，那我们能为家人做什么？

（生说。）

课件出示：

我替爸爸……。

我给妈妈……。

我帮老师……。

我为大家……。

师：听了大家的发言，老师心里很感动，你们像兰兰一样都是懂事、孝顺的好孩子，你们的小手作用可真不小呀！

【分析与思考】

1. 抓关键词想象事件，联结生活理解劳动的价值

选文的内容贴近生活，每个学生都可以是课文中的兰兰。文本情境与儿童的生活情境相近，和学生一起读文，指导他们提取兰兰的关键行为"替爸爸拿拖鞋""给妈妈洗手绢""帮姥姥挠痒痒"。文本中兰兰的劳动行为前有"替、帮、给"等词，都可以替换成"为"，都有为别人服务、为别人劳动的意思。一年级的孩子思辨能力尚浅，对这些汉字的不同用法不能作细微的辨别，也不适宜作高精度的辨别。教师在教学时把这 4 个字写在黑板上，想象画面，再请学生任意选用这些汉字表达兰兰的行为，学生在反复的语文实践中领悟它们有相同的意思，都表示为别人服务。在言说中，不但初步理解了一个语言现象:同一个意思可以用不同的汉字来表达,还在内心深处建构起了爱家人,为家人服务的最质朴的劳动意义。如果辅以课后的行为实践"为家人做一件事",那么学生的劳动意识与劳动情感,将实现从课堂向生活的转化。

2.抓朗读想象角色,联结生活感受劳动的快乐

在片段中,教师指导学生抓住爸爸、妈妈、姥姥说的三句话,以"爸爸的心情如何""妈妈怎么夸的""奶奶怎样说的"为话题展开想象,在想象中触摸人物的情绪,明白兰兰的付出给家人带来了快乐,于是,兰兰的快乐被扩大,而这份被扩大的快乐来自劳动。教师指导学生在多形式的朗读中,想象角色形象,传递角色情感,在言语实践中儿童意识到劳动能给别人带来快乐,带来幸福,从而获得对劳动的服务意义的初步的认识。再通过"兰兰除了替爸爸拿过拖鞋,给妈妈洗过手绢,帮姥姥挠过痒痒外,她还会帮家人做些什么呢?"的话题,展开想象,续编文本的角色行为,此时学生口中的兰兰,已经不是文本中的兰兰,而是课堂中的学生以兰兰的身份在传递意义与表达情感。也就在这样的课堂语言对话中,我们和学生一起读书,一起认识书中的人物,指导学生走近角色,树立起做个像兰兰那样勤劳、关爱家人的好孩子的信念。

案例二:感受简单劳动背后的文化与传承
——《端午粽》教学片段

【案例背景】

《端午粽》是一年级下册第四单元的一篇课文。选自作家屠再华的童年散文集《嘟嘟糖和小雪灯》。课文条理清晰,围绕端午粽,以儿童的口吻生动地向我们介绍了粽子的样子、味道和花样。课文语言生动形象,比如对粽子样子、味道的描写中,分别用了叠词"青青的、白白的、红红的"来形容箬竹叶、糯米、枣的颜色,在学习叠词的基础上感受句子的韵味和节奏,体悟粽子制作过程中的劳动元素,感受传统文化的趣味。笔者以为儿童对于传统文化的认知最直接的就是劳动参与。语文阅读课可以通过语言文字的训练,让学生参与到这一场"特殊"的劳动体验之中,在体验中获得生命的成长,文化的传承,同时,获得劳动审美能力的得升。

【教学片段】

师:外婆的粽子是用什么做的? 你们谁找到了答案,愿意跟大家一起交流交流?

生:粽子是用青青的箬竹叶包的,里面裹着白白的糯米,中间有一颗红红的枣。

师:看来你已经拥有了一双跟孙悟空一样的火眼金睛,找得又快又准。为了奖励你,请你把这个句子读一读。

(粽子是用青青的箬竹叶包的,里面裹着白白的糯米,中间有一颗红红的枣。)

师:谁还愿意再来读一读?

师:老师听出来了,你在读的时候把"里面"和"中间"这两个词读得特别重,你能跟大家说一说为什么吗?

生:因为粽子是在箬竹叶里面,红枣也在里面。

师:孩子们,包粽子其实是一个精细活,外面先要用青青的箬竹叶包着(板书:外面),然后在里面裹着白白的糯米(板书:里面),中间放一颗红红的枣子(板书:中间)。

师:你们看看,课文写得多清楚呀! 外面,里面,中间,按照从外到内的顺序把红枣粽的做法清楚明白地告诉了我们,哪怕现在我们眼前没有粽子,但是这个粽子长什么样子,我们已经很了解了。

师:所以当我们要向别人介绍粽子的时候,"里面""中间"这两个词就要读得重一点。我们再试着读一读。(齐读)

师:读得不错,老师很清楚红枣粽是怎么做的了!

师:我们再来看看这两个句子,先自己认真读一读,再想想看你更喜欢哪一个句子? 理由是什么?

课件出示:

(1)粽子是用青青的箬竹叶包的,里面裹着白白的糯米,中间有一颗红红的枣。

(2)粽子是用青的箬竹叶包的,里面裹着白的糯米,中间有一颗红的枣。

生:叠词读起来更好听了。

师:"青青的""白白的""红红的"都是表示颜色的叠词,用上这些词语,我们的眼前仿佛就出现了一个美味的红枣粽。我们通过视频来看一看,这美味的红枣粽是如何制作的吧。

师:老师这里准备了几张箬竹叶,咱们请小朋友上来学着外婆的样子做一做。

生:我折得太长。

生:我好像折得太平了,装不了糯米了。

师:就这一个折箬竹叶的动作都让小朋友犯难了。

师:除了红枣粽,外婆还包了哪些不同的粽子?赶紧从课文里找一找。

生:除了红枣粽,还有红豆粽和鲜肉粽。

师:你吃过红豆和鲜肉吗?它们是什么样的?也用上这样的词语来说一说。

课件出示:

( )的红豆 ( )的鲜肉

生:红红的,圆圆的,鲜美的。

师:我们也学着课文介绍一下。

课件出示:

红豆粽是用青青的箬竹叶包的,里面裹着白白的糯米,中间_____
_____。

鲜肉粽是用青青的箬竹叶包的,里面裹着_____,中间_____
____。

师:谁还吃过其他口味的粽子?比如(豆沙粽、蛋黄粽、板栗粽……)那你也试着说一说。

课件出示:

( )是用_____包的,里面裹着_____,中间_____
_____。

师:粽子的花样可真多呀,怪不得作者说——(板贴:花样多)。

师:小朋友们,回家包一个自己最喜欢的口味的粽子,亲手尝尝自己动手做成的粽子的香甜吧,并用照片或者视频留下做纪念吧。

【分析与反思】

以上片段教师带领着学生学习了"粽子是用青青的箬竹叶包的,里面裹着白白的糯米,中间有一颗红红的枣。"这个长句子。先通过比较感知叠词给句子带来的美好之处。再通过多媒体影像让学生更为直接地走进"包粽子"这一劳动场景,然后从文本走向生活,仿照着来说一说自己最喜欢的口味的粽子的制作过程。最后布置了一个动手作业,尝试着包一包,去尝一尝。

我们可以发现,片段里还藏着执教者对于中国文化传承的理解,教师巧妙设计"语言运用"的实践,在语言实践中感受简单劳动背后的美好。

1. 用叠词说"劳动",感受传统节日的食物美

语言文字训练是小学语文教学不变的话题,是我们语文教师的"责任田",扎实地对学生进行语言文字训练,是语文教学的重要内容。上述教学片段中,教师组织学生品读"粽子是用青青的箬竹叶包的,里面裹着白白的糯米,中间有一颗红红的枣。"了解了红枣粽的制作过程,知道做事要讲究顺序,形成一定的劳动秩序观念。叠词的运用将劳动美感形象地呈现在学生眼前,"读起来更好听了",那做起来一定也是非常美好的事,让儿童带着美好的心情走进劳动过程之中。再通过多媒体影像的观看,让书中的劳动场景更加直观了,儿童情不自禁地跟着影像动手开始模仿,学着做就是劳动最简单的传授方式。

2. 借句式说"劳动",理解传统节日中丰盛的食物

文字训练是儿童将文本内容与自身已有知识储备相构建的一个桥梁,也是对书本知识的一个迁移。上述片段中,教师组织学生说一说还有哪些粽子的制作过程,让学生模仿句式说说"(　　　)是用(　　　)包的,里面裹着(　　　),中间(　　　)。"一年级的学生兴奋地回忆着自己最喜欢吃的粽子,可以想象他们脑中浮现的是多么美味的场景,想想都让人垂涎三尺。

肉粽是用青青的箬竹叶包的,里面裹着酱油浸泡过的大米,中间是一颗又肥又精的五花肉。

蛋黄粽是用青青的箬竹叶包的,里面裹着白白的大米,中间是一颗金黄金黄的鸭蛋黄。

…………

教师在与学生的对话中,不断鼓励学生,你想包一包吗？激发学生劳动的兴趣,给予他们劳动的勇气。面对这样垂涎欲滴的粽子,谁不想动手做一做呢。学生的劳动热情一下子被点燃了。

3. 向生活做"劳动",体验传统节日的生活美

课后,教师让学生回家动手包一包自己最喜欢的口味的粽子,用影像记录这一美好的时刻。让他们明白"自己做的才是最好吃的""自己做的才是最有价值的""劳动的快乐是自己的双手创造的"。学生吃着自己动手包的粽子的场景是多么的美好。学生也通过自己动手做,明白了"包粽子"是我们中国端午节不可或缺的重要习俗。

我们借用这个片段进行分析,发现低年级语言文字教学需要担起的任务不只是识字、学词和读句,还有文字背后所蕴藏的劳动深意。语言与劳动有着非常密切的关系,通过语言文字的训练帮助儿童理解劳动,培养他们的劳动热情,让他们在劳动的过程中感受生活的美好。这是语言教学需要主动承担起的育人任务。

第三章　阅读建构与劳动教育融合的案例探索

　　阅读的意义建构是读者与作者、文本发生对话而生成意义的过程。阅读意义的建构也是一个由内而外的心理过程。读者带着已有的丰富储备与文本(作者)对话,储备厚度不一样、知识高度不一样、情感经验不一样、生活经历不一样、当下情境不一样,生成的阅读意义也就不一样。蕴含着劳动元素的选文,劳动的意义是牢牢地附着于文本的。基于语文的学科立场,我们引领学生经历听、说、读、写等充分的语文实践,引领学生感受文本的内容,理解文本形式对于意义表达的作用,促进其语文核心素养的发展;基于语文学科融合劳动教育的理念,我们在关心学生的语文核心素养发展时,还得努力创造条件促进劳动意义在孩子们的心田生根。

　　情境创设是促进劳动意义由内而外生发的有效策略。这里的情境创设途径有两条,一是文本内置情境发现,二是文本外置情境设计。

　　内置情境发现,是指抓住关键词句,品味关键词句的表现张力,结合读者的丰富经验,解释文本自己营造情境的过程。如理解诗句"采菊东篱下,悠然见南山"中劳动的闲逸之美,我们可以抓住"见"引领学生结合自己的经验去解释当时诗人的劳动情境:一边赏花,一边采菊,无意间抬头,一抹青山映入眼帘。"见"表现的是劳动中不经意间收获的愉悦体验,是精神追求被满足的劳动之乐。这样的劳动是现代文明关注生命个性张扬地带着审美意味的美好劳动愿景,是劳动对于生命促进的理想诠释。

　　外置情境设计,是指为促进劳动意义的深度生成,或为补充学生的储备,或为唤醒学生的热情,或为获得真实的体验而在文本之外创设的情境。外置情境设计样态比较丰富,如有声情境、图像情境、实物情境、演示情境、故事情境、任务情境等,无论是哪种情境,在语文学科与劳动教育融合的背景下，都得为实现学科素养促进与劳动意义建构的一体服务。

第一节　咬文嚼字生情境感受劳动

语文教材中的劳动事件、概念等依托文本情境存在；由文本想要传递的劳动意义、情感、观念等隐藏于文字背后。夏丏尊、叶圣陶两位大师在《文章讲话》一书中有这样两段话：

我们写述了一件东西或是一件事情，当然是因为自己对于那东西，那事情抱有某种意义，觉得非表达不可，才去执笔的……

除论说文外，作者往往把自己所想表达的意义说得非常简略，不随处吐露，或竟隐藏起来，在全篇文章里不露一言半句，让读者自己去探索。越是高级的作品越是如此。

小学语文教材文质兼美，那些蕴含劳动元素的文本或以故事叙述，或以景致描写，或以场景表达的形式呈现。为了能让读者准确地寻找到隐藏于文本后面的"意"，作者常常借助一些极富表现力的字、词，引起读者的阅读关注。因此，"咬文嚼字"就成了我们文本阅读理解意义的一个主要且常用的途径。如四年级教材《乡下人家》一文中有这样一句话：

他们把桌椅饭菜搬到门前，天高地阔地吃起来。

说的是乡下人家夏日傍晚吃晚餐的情境，吃饭的行为用"天高地阔"来形容，作者没有用"津津有味"，乡下人家劳作了一天，饭菜对于身体疲惫的他们是最好的慰藉；作者没有用"狼吞虎咽"，田间的劳作是辛苦的，消耗体力的，一天劳动下来，除了疲惫，那就是饥肠辘辘。但作者偏偏在他的词汇仓库里选用了"天高地阔"，让我们想象到的是天为穹顶、地为台面的开阔，让我们感受到的是那份由劳动赋予的满足，由劳作带来的生命自由。

如何让那份虚无的劳动意义、劳动精神，在儿童的心田生根，语文课程可以发挥学科优势，指导学生"咬文嚼字"，寻找文字间存在的那份精神涵养。

下面，通过几则案例，具体呈现课堂上基于"咬文嚼字"指导学生感受劳动意义的课堂策略。

案例一:"咬文嚼字"迁移文本情境
——《蟋蟀的住宅》教学片段

【案例背景】

《蟋蟀的住宅》采用拟人手法,把蟋蟀比作人,把它的巢穴比作人的住宅,把它的活动比作人的活动,它修建自己的住宅正如人们用劳动在创造自己的财富。蟋蟀用它弱小的身躯承担起巨大的任务,这一切正是我们所要培养学生形成的正确的劳动观和价值观。在《蟋蟀的住宅》教学中,我们需要抓住语文学科素养的培养,指导学生"咬文嚼字",由"蟋蟀"及人,实现文本情境大迁移,比照劳动内涵,引导学生去发现和体悟新时代需要的劳动价值。

【教学片段】

师:老师请同学们一起来读一读第 2 自然段。想一想蟋蟀选择住宅时,有哪些条件?

(生朗读第 2 自然段。)

师:别的昆虫选择住宅是怎样的?

生:别的昆虫大多在临时隐蔽所藏身,它们的隐蔽所得来全不费功夫,弃去毫不可惜。

师:蟋蟀选择住宅又是如何的?

生:不随遇而安。

师:随遇而安的意思是?

生:顺应环境,在任何境遇中都能满足。

师:文中和它意思相反的词是哪一个?

生:慎重。

师:蟋蟀的选址慎重体现在几个方面?认真读读课文,找到相关的信息,然后交流。

生:一定要排水优良,并且要有温和的阳光。它不利用现成的洞穴,它舒服的住宅是自己一点儿一点儿挖掘的,从大厅一直到卧室。

师:读一读,圈出一个词,这个词最能概括蟋蟀住宅的感觉。

— 71 —

生：舒服。

师：我请你说一说，蟋蟀住宅舒服的原因是什么？

生：排水优良（干燥），有温和的阳光。

师：老师有一个疑问，既然是写蟋蟀的住宅，"别的昆虫大多在临时的隐蔽所藏身。它们的隐蔽所得来全不费功夫，弃去毫不可惜。"这删掉可不可以？

生：不可以，这里通过比较，来表现蟋蟀选择住宅的慎重。

师：那么"一点儿一点儿挖掘"有两个"一点儿"，删掉一个行吗？

生：不可以，因为两个"一点儿"说明蟋蟀修建住宅的时间长，修建住宅很辛苦。

师：大家再读一读这一段，读出蟋蟀选择住宅之慎重，读出蟋蟀修建住宅之辛苦。

文字是没有生命的，当作者赋予它们情感后，文字便带有了灵性，释放情感，讴歌生命。《蟋蟀的住宅》是一篇文学性的说明科普文，它阐述了蟋蟀住宅的选址、特点以及修筑过程，在这样一篇文章中，抓住说明文文字的艺术魅力是我们课堂教学的重中之重。在上述案例中，我们看到老师抓住了"慎重"，让学生探索蟋蟀与其他昆虫的不同之处。老师与学生在这样一步一步的探索中，理解蟋蟀建造住宅的特点。

但我们的老师不愿意止步于文字的表层解读，他和学生一起更深入地探索起劳动的本质。劳动是人类维持自我生产和自我发展的手段。人类的劳动如此，动物的劳动也大抵相同。如老师带领学生一起探讨"舒服"，蟋蟀的住宅是舒服的，这不就是劳动所带来的收获吗？这不就是劳动带给我们的愉快体验吗？这不就是劳动审美很好的诠释吗？学生在文本的解读中，不仅理解了文字的魅力，还体会到了劳动的本质——劳动是辛苦的，但是，辛苦的劳动能够让人舒服，能够创造幸福。

案例二：抓细节　"咀嚼"劳动内涵
——《邓小平爷爷植树》教学片段

【案例背景】

"绿水青山就是金山银山"，这句深富内涵、极具韵味的经典论述早已成为中国人民耳熟能详的"金句",润物无声地融入了人民的日常生活之中。2005年8月15日,在浙江安吉余村,时任浙江省委书记的习近平同志创造性地提出"绿水青山就是金山银山"的重要理念。多年过去了,"绿水青山就是金山银山"的重要理念已经并将继续对我国生态文明建设产生广泛而深远的影响。

《邓小平爷爷植树》这篇课文,内容平实浅显,但是其中颂扬的精神品质和倡导的生态理念,仍然具有教育的时代意义。邓小平爷爷做事认真执着,不怕劳累,一丝不苟,这样的劳动品质也是现代劳动需要继承和发扬的品质。所以说,通过学习这节课,我们可以带领学生在语言文字创设的情境中触摸、感受邓小平爷爷认真植树的劳动品质,并指导学生从课堂走向课外,和大人一起参与植树劳动。

【教学片段】

师:接下来,让我们来仔细看看,邓小平爷爷是怎样植树的。你们能找到哪些自然段是讲述邓爷爷植树的过程吗?

生:第2~4自然段讲述了邓小平爷爷植树的整个过程。

师:对,这3个自然段完整地描述出了这个过程,就让我们一段一段地来看。哪位同学可以将第2自然段有感情地朗读一遍?

(学生朗读第2自然段。)

师:这一段中包含了许多信息。首先是这一天天气怎么样呢?

生:碧空如洗,万里无云。

师:对,这一天天气非常好,所以好多人来到了公园植树,最引人注目的是谁呢?

生:是邓小平爷爷。

师:引人注目是什么意思呢?你们知道邓小平爷爷为什么引人注目吗?

生:引人注目是很容易引起人的注意。因为邓小平爷爷年纪大了,有83岁了,在公园植树的人中83岁年纪很大了,并且邓小平爷爷是很伟大的人。

师:事实上,83岁的老人体力大多跟不上了,但是邓爷爷依旧亲自植树,你们对此有什么感想吗?

(学生回答。)

师:邓小平爷爷亲自植树,体现出了邓小平爷爷对植树的重视,也体现出了邓爷爷对绿水青山的美好愿景。

师:接下来一句话,大家齐读。

(学生齐读。)

师:这句话中的动词特别传神,大家能找到吗?

生:握,挖。

师:邓爷爷满头大汗,仍不肯休息,这又体现出了邓爷爷的什么品质?

生:不怕劳累,不怕辛苦。

师:大家再想一想,要是你那时候在邓爷爷身边,看着邓爷爷累得满头大汗,你会怎么办呢?

生:我会劝邓爷爷休息一下,待会儿再干。

师:同学们说得真不错,我们都很敬爱邓爷爷,自然不忍心看邓爷爷这么辛苦,老师也相信,邓爷爷身边的人肯定也劝说过邓爷爷。但是邓爷爷是怎样做的呢? 他不肯休息,你们想想,邓爷爷为什么不肯休息呢?

生:因为邓爷爷很重视这个事情,并且邓爷爷植树兴致很高。

师:所以从这里我们就可以看出,邓爷爷是一个不怕劳累,做事认真执着的人。老师想问问大家,大家植过树吗? 种过花或者在田间劳作过吗?

生:有过!

师:那你们觉得累吗?

生:累!

师:那你们觉得邓爷爷的这种精神品质值不值得人们学习?

生:值得!

师:我们在进行劳动时,一定要有这种不怕苦不怕累认真执着的品质,只有这样才能把事情干成。接下来,我们再来看下一段。请同学们默读课文,把这一段中描写邓爷爷植树过程的动词找出来。

(学生朗读课文,找出动词。)

师:找到了吗? 段落中写邓爷爷植树的动词有哪些?

生:挖,挑选,移,挥,填,扶。

师:同学们找得很准确。这些动词加上上一段的"握"和"挖",就描述出了邓爷爷植树的整个过程。接下来,我们每个人在座位上尝试把这些动作做一遍,感受一下邓爷爷植树的过程。

师:(教师在台上示范动作,学生跟做)邓爷爷握着铁锹,先是挖洞(弯腰挖洞),然后挑选一棵树苗(弯腰挑选),然后把它移进树洞里(双手虚抱,弯腰移动),然后挥锹填土(双手挥动),接着走远看看树直不直,然后走近把树扶正(虚扶)。

师:同学们,这样一棵树就栽好了,你们觉得累不累呢?

生:累!

师:邓爷爷只会比我们更累,但邓爷爷不怕累。邓爷爷心中有着绿树成荫,鸟语花香,邓爷爷心中充满了期待。邓爷爷植树多认真呢!一锹一锹挖土,再看看树正不正,不正再去扶正。所以说邓爷爷不仅认真执着,还做事细心,一丝不苟,这样的精神品质值得我们每个人去学习!让我们一起,有感情地再读这段文字,读出邓爷爷的认真执着,读出邓爷爷的一丝不苟,读出邓爷爷对未来的期待和愿景!

【分析与反思】

教材讲述的是1987年4月5日,83岁高龄的邓小平爷爷在北京天坛公园亲手栽种柏树的情景,表现出邓小平爷爷认真严谨、一丝不苟、不怕劳累的劳动品质。以上片段,教师带领学生抓住文中最有表现力的语词,理解邓小平爷爷植树时的动作与心理感受,带领学生亲身感受了邓爷爷植树的整个过程,同时在这样感人氛围的熏陶下朗读课文,加深感情。

人们都说:"一沙一世界,一花一天堂。"大的生活,其实就是由一群小的细节构成的,细节虽小,却是美的源泉,情的聚焦。细微的神态描写,只有观察仔细,才能透视人物的内心世界,突显人物;细致的动作描写,通过锤炼动词,才能透露出人物的内心情感。一篇文章,通过恰到好处的细节描写,以小见大,见微知著,在突出人物性格,表现人物情感,透视人物内心等方面都起到了至关重要的作用。

片段中,教师在进行教学时,指导学生关注了两处细节:

一处是邓爷爷植树时的外貌细节,"83岁高龄""额头已经满是汗珠,仍不肯休息",教师指导学生在课堂上代入邓爷爷植树的情境,感受邓爷爷不惧辛苦的劳动品质、认真执着的劳动精神。要知道,83岁高龄的老人往往个人的日常生活起居都需要被人照顾,更遑论是植树这样需要付出艰巨体力的劳作。教师通过一系列的对话交流,仿佛带领学生看到了绿水青山的未来,也让学生真正明白邓爷爷为什么以身作则,高龄植树,从而走近人物,感受到人物的精神品质。细节很小,就因为小,我们才可以触摸,只因可以触摸,它才真实,才具有感染力。上述片段中,教师就是带着这样的理念,抓住细节走近邓爷爷,对话邓爷爷,生出对邓小平爷爷的无限敬意。

另一处是邓爷爷的动作细节,邓爷爷握着铁锹,弯腰挖洞,细心挑选一棵树苗,然后把它移进树洞里,最后挥锹填土。这还不算完,邓爷爷还要走远看看树直不直,发现不直,再走近把树扶正。这一系列的动作描写,传神地刻画出了邓爷爷植树时一丝不苟的品质。教师在教学时,并不只是单一地讲解行为,让学生进行植树过程的整理与概括,而是带领学生抓住这些动作细节,让学生亲身体会,逐个表演,用生动的肢体语言创设了课堂植树情境。学生一边读课文,一边做动作,既感受语言叙述的顺序,也亲身感受整个植树的过程。无疑,这种教学方法相比于枯燥无味的讲解,更能激发学生的学习兴趣,更能活跃课堂氛围,同样也能让学生的体验更加深刻,"劳动"的意味更加鲜明。

案例三:品场景与细节,从劳动到感恩
——《慈母情深》教学片段

【案例背景】

《慈母情深》是五年级上册第六单元的一篇课文。本文以《慈母情深》为题,慈者,仁爱,母慈就是对孩子的爱,爱得到位,爱到点子上才称得上"情深"。相较于一般母亲,梁晓声笔下的母亲爱孩子爱得得法,爱得深刻,体现了她眼光的独到和见识的高远。只有理解了她的这些特质,才能真正解悟课文中母亲对孩子的这份深情。而对于儿童来说,劳动大多等同于体力运动,是辛苦劳累的,劳动者间接等同于是文化程度不高的人,如何将劳动着的母亲与这份深情联系起来,是本课激发儿童对父母心怀感恩的关键。我们来看一个课堂教学片段。

【教学片段】

师:默读课文,画出文中最打动你的细节,在旁边作上批注。可以结合课堂作业本 P75 第一题。交流的时候,学会倾听,相同的观点不重复。

生:我从"一双疲惫的眼睛吃惊地望着我"这一神态描写,感受到了母亲的疲惫,劳累,感觉当时的母亲特别辛苦。

生:我关注到了母亲的动作,"背直起来""转过身来""吃惊地望着

我",这一连串动作让我感觉时间停止了,在这个工厂里好像只有"我的母亲"在动,我好像在看电影(笑)。

师:你可真会读书,眼前已经有画面了呢! 此处还有要补充的吗?

生:梁晓声反复运用了"我的母亲"这个短语,让我觉得作者发现母亲非常疲惫,这个劳动对"我的母亲"来说强度很大。

师:同学们,这句话通常的表达是这样的(出示课件,对比读)。请大家自由朗读这两个句子,体会两句话的味道有什么不同?

生:第一句读起来好像感情更深一些。

生:第一句感觉母亲很累的样子,而且"我"有点不太相信这是"我的母亲"。

生:母亲如此瘦弱,如此疲惫,劳动环境如此恶劣,3个"我的母亲"更能表现出"我"非常心疼自己的母亲。

师:如果用电影中的慢镜头和快镜头来比喻这两种写法,那么,哪一句带给你的是慢镜头的感觉?

生:第一句。

师:请你读读这个慢镜头(生读)。其他同学闭上眼睛,用心想象,随着这个慢镜头的推移,你看到了什么?

师:孩子们,睁开眼睛,你看到了一个怎样的母亲?

生:在闷热的工厂里,一个女工转过头来,只能看到一只硕大的褐色口罩,眼睛里布满血丝,眼睛旁边满是皱纹。

生:在缝纫机旁,我看到一个中年妇女突出的脊柱,汗水打湿的衣服让一根根肋骨十分明显。

生:我起先看到的是白茫茫的一片,都是长得一样的女人,突然一个女人转过头来,熟悉又陌生,那张苍白的面容让我移不开眼。

师:这是"我"印象中的母亲吗? "我"印象中的母亲应该是——

生:面色红润的。

生:很强壮的,因为她是"我们家"的依靠。

生:"我"印象中的母亲是个很健康的女人,背脊是挺拔的,一直操持着家务,里里外外地忙活,好像从来不会累。

师:此时此刻,"我"才第一次真真切切地发现,母亲变得如此憔悴、如此瘦弱、如此疲惫! 来,带着你刚才的种种想象,我们一起用朗读来重现这个慢镜头。你们读红色字体。

师:背直起来了。

生:我的母亲。

师:转过身来了。

生:我的母亲。

师:褐色的口罩上方,一双眼神疲惫的眼睛吃惊地望着我。

生:我的母亲。

师:在头脑里放映这个慢镜头,你会读得更动情。交换角色,我们再读!

生:背直起来了。

师:(低声朗读)我的母亲。

生:转过身来了。

师:(语调上扬)我的母亲。

生:褐色的口罩上方,一双眼神疲惫的眼睛吃惊地望着我。

师:(语势下挫、语速放缓)我的母亲。

师:细节让场景更动人。

师:还有打动你的地方吗?

生:从"掏""龟裂的手"这些细节描写中,让我感受到母亲的辛苦和赚钱的不易。

生:从"塞"可以看出母亲很爱"我",家里已经很穷了,却还是毫不犹豫地把钱给"我"买书。

生:从"数落"看出母亲有点生气"我"买了水果罐头,母亲很节俭。

生:从旁边的工友一再劝阻,而母亲却毫不犹豫地把钱给我,可以看出母亲非常爱我。

生:从"凑"字可以看出"我们家"贫穷。

师:是啊,面对如此贫困的生活,母亲毫不犹豫地将钱塞在"我"的手心里。孩子们,母亲塞给"我"的,仅仅是那一元五角钱吗?

生:是希望"我"能够好好读书。

生:是想让"我"能够多看书。

师:要知道,梁晓声的母亲是个文盲却义无反顾地支持"我"买闲书。

生:母亲肯定希望"我"不要重蹈覆辙,能够出人头地。

生:母亲真了不起,自己这么累了,工作这么辛苦,家里都吃不饱了,还能够给"我"钱买书。

生:我想到了我的妈妈,她早出晚归的,平时自己也不太买新衣服,但是只要我要买书,她总是会毫不犹豫地给我买。

生:"我"妈妈也是这样,她是公交车公司监控视频的,每天都要盯很久,眼睛很累,但是晚上回来还是要检查我和弟弟的作业,她总是说,希望我们能够好好读书。

师:我的母亲只是一个平凡的劳动者,但她却有长远的眼光,爱得到位,爱得得法,才称得上"情深"。而母亲的忙碌和疲惫在梁晓声的小说《母亲》里随处可见,请你好好读一读。(出示补充资料)

师:看完这段叙述,你有什么想说的?

生:看得出母亲对于"我"读书的事儿非常在乎,可以陪"我"在警察局门口坐几个小时。

生:母亲教会"我"坚持,让"我"懂得了吃苦耐劳。

师:是啊! 正如梁晓声所说,我们依赖于母亲而活着,母亲慢慢被我们吸收空了。而母亲其实只是一位普普通通、没有文化的劳动妇女,她宁愿劳苦、宁愿贫穷,也要让孩子读书,也要撑起整个家。这就是最美的劳动者。这份美无关她的外貌,而美在她的这份坚持。(板书:劳动品质)她的勤俭节约、她的吃苦耐劳、她为了这个家的全力以赴。

【分析与反思】

这个片段通过一个问题"文中最打动你的细节是什么",引导学生走进文本,再通过同伴讨论,令观点不断迭代,思考层层加深,走进母亲这个劳动妇女的形象,感受这份慈母情。仔细分析这个片段,我们可以发现,片段中执教者通过运用抓住细节、联系经验等方法,唤醒儿童对劳动着的母亲形象的立体感知,既有深度地理解了劳动艰辛,也有温度地体悟了这份"慈母情深"。

本单元的语文要素是"体会作者描写的场景、细节中蕴含的情感",旨在让学生领悟场景与细节间的关系。五年级的学生对场景的概念较为陌生,容易将场景与场面混淆。劳动源于生活,劳动场景的课堂呈现使学生易于理解这个概念。场景中的细节描写有母亲劳动的环境描写,母亲劳动的神态描写和动作描写,环境描写着笔劳动环境的恶劣,神态描写表现母亲的疲惫,动作描写折射母亲的辛劳,无论是哪种描写,都让身处其间的"我"心生愧疚、心疼、自责。

学生与当时作者所处的时代存在一定的距离,在社会物资相对富足的当下,父母鼓励孩子多看书、爱阅读并不稀罕。为了让孩子读懂文中的慈母"慈"在支持阅读,情深"深"在为子女的长远考虑。在教学中,教师用文字资料创设外置情境,提供了补充资料,让学生了解在 20 世纪的六七十年代,一个没有文化的工厂女工能有如此见识实属不易。课文中,母亲的一个女工友也已经很好地做出了对比,况且她还比课文中母亲年轻不少。通过资料的情境创设,母亲这个没有文化却眼光长远的工厂女工形象就丰满起来了。

如果只停留在抓住细节进行文本的解读,那学生的学习就是浅表性的学习。学会与自己联系,是教学中又一重要策略。执教者通过对比读、想象读、师生读等方式,聚焦"你看到了一个怎样的母亲"和"'我'印象中的母亲应该是怎样的"两个话题。前者旨在考查学生对文本的解读,而后者则是与自己的生活相联结,唤醒学生的生活记忆,此时,文中母亲的身影与生活中母亲的样子是能够重叠起来的,能够触碰到学生内心进行自我的对话:也许父母在家勤劳能干的样子背后,有我们从未洞察的辛劳;我的母亲在工作的时候会是什么样子……进而学会观察生活,体谅母亲,常怀感恩之心。

第二节　联系生活创情境体验劳动

《义务教育语文课程标准》(2022 年版)在语文课程性质中指出:

语文课程致力于全体学生核心素养的形成与发展,为学生学好其他课程打下基础;为学生形成正确的世界观、人生观、价值观,形成良好个性和健全人格打下基础;为培养学生求真创新的精神、实践能力和合作交流能力,促进德智体美劳全面发展及学生的终身发展打下基础。

劳动关系是社会的主要关系,劳动生活是人类的主要生活,促进学生成为一个"有理想、有文化、有担当"的劳动者是课程育人的主要导向,所以,语文学习要为学生成为一个优秀的劳动者打下基础。

语文学习的外延与生活等同,语文课程内容以"语文学习任务群"组织与呈现,课程结构强调要"遵循学生身心发展规律和核心素养形成的内在逻辑",同时,指出要"以生活为基础,以语文实践活动为主线,以学习主题为引领,以学习任务为载体,整合学习内容、情境、方法和资源等要素,设计语文学习任务群"。

义务教育阶段的教材选文,文学性作品占比较重,一部分选文以艺术的手法表达着劳动的情感、观念等,当我们认可艺术来自生活,又高于生活的理念时,如何理解文学作品中的劳动意义,需要我们还原生活情境,在艺术与真实生活的落差或矛盾中,感受美好的劳动情感或意义。还有一部分选文是实用性文本,课程标准在"实用性文本的阅读与交流"任务群第二学段和第三学段的课程内容中明确指出要学习"劳动模范的事迹"。虽然学生的发展是以走向社会为方向,以成为一个优秀的劳动者为目标,但是当下他们的生命阶段处在"儿童"阶段,他们的生命样态主要表现为学习,"劳动模范"对于儿童来讲有经验上的落差,如此,在课堂中创设生活情境,让学生体验"劳动",也就成了学习可以走向深度的有效途径。我们希望儿童能在课堂创设的生活情境里,感受"劳动模范"的形象,甚至可以让这些"劳动模范"替换成儿童在新媒体环境中追逐的流量主播、影视明星形象,让"劳动模范"成为他们生命成长中的偶像。

生活是多元的、丰富的,课堂情境的创设也就没有具体的法则,只需遵循"真实",在真实的情境中,学习语言,理解语言,运用语言,生出热爱劳动的真实情感。

下面的几则案例就主要是通过联系生活创设情境,来培植儿童的劳动观念,提升儿童的劳动审美。

案例一:复现真实情境,唤醒劳动意识
——《中国美食》教学片段

【案例背景】

《中国美食》是人教版统编本二年级下册识字单元的第四课,主要呈现的是中国7种菜肴和主食,7种菜肴名每种包含着一种烹饪方法,并配有相应色彩鲜明的图片,图文并茂。本课是以形声字为主体的归类识字课,形声字分布在美食名中。编者意图明显,通过用学生喜闻乐见的方式呈现生字,让学生在熟悉的语言环境中,把识字活动和对事物的认知有机结合起来,一举多得。

从人文主题上解读,"中国美食"是中华优秀传统文化的具体载体,在对美食独特魅力的品位中,折射出的是中国劳动人民的智慧。

【教学片段】

1. 买食材, 认识生字

师: 想要当一名顶级厨师, 还得经过不懈的努力才行, 首先我们要会认菜单, 来看看这份菜单, 你认识这些菜吗? 赶紧读一读吧。

(生自由读美食名。)

师: 作为餐厅的服务人员, 不仅要认识菜单, 还得考虑如何介绍菜单, 才能方便客人点菜, 大家想一想, 平时我们去餐厅点菜, 他们都是如何分类的?

(生讨论交流。)

师: 按照中国人的传统饮食习俗, 我们把菜单分为主食和菜肴, 大家一起来把美食分分类吧。

师: 大厨们, 做这些菜肴需要丰富的食材。请你先读一读, 再找一找, 画一画, 看看做这些菜肴需要哪些食材。

(生读, 画食材。)

师: 现在, 老师把食材列入了购买清单, 请你们开火车读一读。如果他读对了, 那就跟着他一起读。

(学生开火车认读, 适时指导字音: "豆腐"的"腐""蘑菇"的"菇"尾音读轻声, "茄子"的茄是多音字。)

师: 自己动手丰衣足食, 带上这份清单, 咱们现在去市场买菜吧! 菜场有不同的区域, 这些菜分别要去什么区域购买呢?

生: 菠菜、茄子、葱和蘑菇是蔬菜, 要去蔬菜区买。

生: 豆腐要去豆制品区买。

生: 羊肉、小鸡、鱼、鸭要去家禽水产区买。

师: 先去买蔬菜。你要买的菜是?

生: 菠菜、茄子、葱、蘑菇。

师: 请你仔细观察这些字, 它们有什么共同特点呢?

生: 都是草字头的字, 与草本植物有关, 都是形声字。

师: 你们可真会发现, 这些字都是形声字。像这样的蔬菜名还有很多, 瞧! 农民们在卖——

课件出示:

茭白、芹菜、葫芦、茼蒿

（生读词语。）

2. 学烹饪,认识生字

师:菜买好啦,小厨师们要大显身手啦! 先来做一道凉拌菠菜。你有见过爸爸妈妈是怎样做凉拌菠菜的吗?

（生自由交流。）

师:大厨教你这样做:

　　第一步(课件出示图片加文字说明)——(指生说:煮菠菜)

　　第二步(课件出示图片加文字说明)——(指生说:沥干水)

　　第三步(课件出示图片加文字说明)——(指生说:加调料)

　　最后(课件出示图片加文字说明)——(指生说:拌一拌)

咱们一起来拌一拌(做拌的动作)。

（生看着图片学着父母的样子做一做。）

师:在这道菜中,还藏着一种烹饪方法,谁能快速地找到?

生:拌。

师:这就是刚才我们做的动作——拌! 其余6道菜的烹饪方法,你能自己从菜名中找出来吗? 圈一圈,和同桌说一说。

生:香煎豆腐的烹饪方法是"煎"。

生:红烧茄子的烹饪方法是"烧"。

生:烤鸭的烹饪方法是"烤"。

生:水煮鱼的烹饪方法是"煮"。

生:葱爆羊肉的烹饪方法是"爆"。

生:小鸡炖蘑菇的烹饪方法是"炖"。

师:一下子全都找出来了。让我们把这些烹饪方法熟记于心吧!（开火车读）

师:这些字根据偏旁还可以分成两组,你能分一分吗?

生:一组是火字旁,一组是四点底。

师:四点底和什么有关呢?

生:四点底的字也和火有关。

师:是的。来看看我们一年级学过的字——黑。下面在烧火,上面是个烟囱,意思就是火烧时间久了把烟囱熏得漆黑。"煎""煮"和"黑"一样,都把火写在下面,变成了四点底。一起再读一读这6个字。（生齐读）

师:恭喜小厨师们了解了烹饪方法,那让我们撸起袖子做菜吧。谁来这样说:我用(食材),通过(烹饪方法)的烹饪方法,做成了(菜品)。

(生自由表达。)

师:在小厨师们的努力下,一道道菜都上桌啦。让我们一起再读读菜名。

【分析与反思】

以上片段教师给学生加了一个小厨师的身份,创设了小厨师劳动的场景,将小学生带入一个颇有游戏韵味的劳动情景中,学生学着厨师"买菜""烹饪",在劳动情景中既快乐识字,又体验劳动的乐趣。细究此片段我们还可以看出教师的巧思,每一环节都离不了"美食"这一主题,使学生充分运用各种感官调动对传统美食的喜爱和中国饮食文化的了解,感受劳动人民的智慧。每一环节还都渗透"自己动手丰衣足食"的劳动价值观,引导其养成参与劳动的习惯,感受劳动的乐趣。

1. 从文本情境向课堂情境的转化中体验劳动氛围

《中国美食》是一篇集中识字课文,虽不是连续性文本,却是相类词语的一个集合。在这个集合里,我们可以很自然地联系起劳动世界中的一种职业——厨师,他们的劳动行为是"烹饪",他们的劳动产品是"美食"。基于文本的呈现内容和呈现特点,教师很自然地在课堂上创设了一个与文本一致的课堂情境:当一个小厨师,认菜单,报菜名,买食材。文本情境在转化为课堂情境的过程中,顺势实现了学生身份从学生向小厨师的转换,充满着游戏的意味,学生在游戏中学习汉字,也在游戏中体验厨师的劳动,认识并感受厨师创造的美食。这样的情境是自然生长的,是柔软的,人与情境的交互界面良好,可以对学生产生强大的召唤力。

2. 从课堂生活向学生生活的联结中理解劳动意义

课堂生活指向学习,上述案例中老师组织学生认识各种蔬菜,发现各类蔬菜名的字形规律,生成汉字识记的核心知识"形声字概念"和汉字识记的关键能力"用形声字独立识记汉字的能力",指向的是语言文字的积累与梳理任务的完成。经过优秀的课堂生活,最终指向的是美好的社会生活。所以我们要有从课堂生活走向学生生活的课程意识和理念,常常想着由课堂生活实践与学生生活的联结,如此,学生才能从课堂中学习的人,走向社会中、生活中的人。上述案例中教师设计了不少的生活情境,如让小厨师说说"凉拌菠菜"的制作过程,为让课堂情境更趋向于真实生活,介入了视频、图片资源,再让学生动手比画,既认识了一道菜名,也认识了一种蔬菜,又了解了一种烹饪方法"拌",还理解了劳动可以创造美食的粗浅意义。

在教学"煎""烤""炸""煮"等烹饪方式时,教师考虑到低年龄学生没有此类的生活经验,便事先让学生观察父母做菜的过程,感受生活中的真实场景,之后在课堂中引导学生进行回忆与分享,生活联结课文帮助其更快理解7个烹饪方法的生字。之后教师设计用肢体动作表演做菜过程,最后,通过用一句完整的话"我用(食材),通过(烹饪方法)的烹饪方法,做成了(菜品)",在言说中,劳动带来的愉悦体验被不断强化,劳动创造价值的意义被不断强化。

3. 从课堂劳动向生活劳动的拓展中,探索劳动价值

语文学科中的劳动教育,不指向劳动技能的训练,但需要担起劳动技能的言语表达,所以在教学中,我们往往会在课堂上模拟劳动场景、劳动生活、劳动行为。要想让教育愿景真正在学生身上实现,我们需要让学生参与真实的生活劳动,即让学生走出教室,走向广阔的自然、复杂的社会,从课堂劳动走向生活劳动。所以,教师设计了劳动作业:设计今晚的一份菜单;和爸爸妈妈一起去菜市场买菜;回家清洗好食材,在父母的帮助下完成菜品的制作。在真实的劳动实践中,感受汉字的生命,语言的魅力,体验劳动的味道,尝试思考劳动的价值。

案例二:联想生活情境,引发儿童劳动智慧
——《挑山工》教学片段

【案例背景】

《挑山工》是四年级下册第七单元的第四课,是 2020 年统编版教材中新增的课文。文中记叙了作者冯骥才登泰山时看到挑山工登山,走的路程比游人长,但速度并不比游人慢,从而悟出一个生活的哲理:做事不应干干停停、三心二意,应该坚持不懈地朝着一个目标扎实前进。四年级的学生已经积累了一定的生活经验,也有了一定的劳动体验,但是在劳动中他们不会总结经验,也不知道其实在劳动中他们已经积累了一些劳动的智慧。在阅读

教学中,我们能否通过文本的桥梁唤醒学生已有的生活经验,从而激发学生回味劳动的愉悦感,启迪儿童在劳动中总结经验,擦出智慧的火花呢?我们来看一个阅读教学片段。

【教学片段】

师:刚才咱们已经读了课文,现在请大家再快速浏览一遍,找一找课文中描写挑山工上山路线的段落。(两分钟思考)

生:我找到的是课文第1自然段。

师:请你读给大家听。(出示相关语句)

生:"登山的时候……挑山工登山走的路程大约比游人多一倍"。

师:找得很准确,我们把它们划下来,一起来读一读。

(生齐读。)

师:用一个词概括,这是条什么路线?

生:折尺形路线。

师:了不起,在书本上圈一圈。谁能结合自己的理解在黑板上画一画这条折尺形的路线?

(生在黑板上板演画。)

师:大家看,他画得对吗?

生:对。

师:请大家看大屏幕,我们一边结合这条路线,一边看着这段话读,你还可以做做手势,想象画面。

生:"登山的时候……挑山工登山走的路程大约比游人多一倍"。

师:问题来了,走这样折尺形的路线,挑山工登山走的路程大约比游人多一倍,为什么他们要多走这些"冤枉路"呢?

生:老师,我觉得是"这样曲折向上登,才能使挂在扁担前头的东西碰不到台阶,还可以省些力气。担了重物,如果照一般登山的人那样直往上走,膝盖会受不住的。"

师:了不起,找得既准确又全面。请大家用波浪线把这两句话画出来。

师:同学们看,在挑山工这样日复一日艰辛的劳动中,他们不断总结经验,这条"折尺形"的路线凝聚着他们劳动的智慧。你们有在劳动中生出过智慧吗?

(学生一个个抓耳挠腮,一下子想不出来。)

师:老师提醒一下,上次我们班做大扫除,咱们把所有桌椅都搬到走廊上,很多同学都往一个门挤,减慢了劳动的速度,是吧?

生:对对对。

师:那你们想想,后来是怎么解决的?

生:后来我们分成了两部分,1~3组的同学往前门搬出,并且把桌子放在走廊的前边,4~6组的同学往后门搬出,并且把桌子放在走廊的后边,马上就完成了。

师:是啊,这件小事就反映着劳动的智慧呢!大家想想,生活中还有没有遇到过这样的事情了。

生:老师,我想起来了,也是上次大扫除中,我是打扫操场包干区的。那天风很大,地上的落叶我扫了好几遍都扫不干净,挺懊恼的,但是我一想,如果我顺着风吹来的方向扫,是不是风也在帮助我扫地了,这样说不定又快又干净,我就试了试,果然很快完成任务了。

师:瞧,这位同学多棒,能思考,会观察,在劳动中汲取了智慧。同学们,其实生活中这样的事情很多,我们每天都在劳动,劳动创造了一切,劳动也可以让我们变得更加聪明!

【分析与反思】

以上教学片段,教师从挑山工行走的路线出发,让学生认识到这是一条特殊的路线,进而让学生思考为什么挑山工要选择这样一条比平常多走一倍的路线,从而让学生体会到劳动中充满着智慧。到此为止,还仅仅是"纸上谈兵",学生其实还不甚了解,什么是"劳动中的智慧"。接着,教师又让学生联系自己的生活实践,一开始,学生也是一头雾水,无法很好地产生联系,但是在教师的点拨下,学生的思路被打开了,思维的火花不断涌现。他们很快知道,原来生活中的点滴小事里都藏着智慧,这些智慧是劳动中总结而来的。到这儿为止,教师以一段阅读文本为载体,以一个劳动元素为圆心,以生活实际为半径,带领学生铺开了一幅幅生动的劳动画卷。笔者以为,在这个教学片段中,教师借助生活情境融合劳动元素,还做了以下3个方面的有效尝试。

1. 点拨生活情境提升劳动认知

在教学中我们会发现,学生对于劳动的认识不够明确。比如在以上教学片段中,他们知道挑山工每天把货物从山下挑到山上是一种辛苦的劳动,但是当要求他们联系自己的生活实际时,他们却面露难色,很难马上产生联系,其实这就是他们对劳动的认识比较浅薄的一种表现。在片段中,教师对学生进行点拨后,学生对劳动的认知一下子打开了,劳动的概念从原来的狭义上升到了广义,产生的联系也就丰富了。

2.联系生活情境思考劳动智慧

劳动能带给我们什么? 在学生的概念里,如果让他们在劳动前面加个形容词,他们一定会加上"辛苦的、艰难的"等,因为在传统的观念和想法中,劳动给人的印象的确是这样的。但在这个教学片段中,通过课文片段的阅读与教师的引领,学生不难懂得其实万事万物都离不开劳动。劳动仅仅需要力气吗? 显然不是的,劳动需要智慧、技巧和统筹等,是促使学生身体、心理和智力共同发展的教育过程。因此,在这个教学片段中,教师巧妙地借助学生做大扫除的例子进行引导。学生立刻懂得了,原来我们生活中处处有劳动,劳动中的点点滴滴都能总结出智慧。同时,这也可能进一步促使他们思考:平时我在劳动中遇到了什么困难? 我可以怎么解决? 让劳动真正促进学生智力的发展。

3.转化课文情境理解劳动价值

在这个教学片段中,教师先让学生朗读挑山工行走路线的部分,在学生认识到这是折尺形路线后,再让学生动手画一画路线图,最后让学生一边跟着路线图做手势,一边朗读这段话,加深理解,进一步体会挑山工选择这条路线的智慧所在。通过这样一步步地学习、朗读,不仅加深了学生对文本的理解,更激发了他们对劳动的热爱,因为劳动不是简简单单花费力气就行了,还可以让人有智慧,让人变得聪明。

笔者认为,阅读教学的意义不是在于简单的朗读和理解篇章的词句,而是要让学生在阅读中建构自身的意义世界,丰盈自己的生命价值。正如他们在《挑山工》这篇课文中,应该认识的不仅仅是常年往来泰山上下的挑山工,读懂他背后蕴藏着的劳动智慧,而应该从阅读中联系到自己,思考我曾经做了什么? 我是怎么做的? 为什么这样做? 还有没有更好的办法? 由此,我们在阅读教学中应该坚定地站好语文立场,适时关切劳动元素,不断启迪儿童在劳动中擦出智慧的火花。

案例三：对话创设情境，培植感恩意识
——《吃水不忘挖井人》教学片段

【案例背景】

《吃水不忘挖井人》是统编版语文一年级的一篇课文，主要讲了毛主席在江西革命时，看到乡亲们吃水困难，带领战士们和乡亲们挖了一口井。新中国成立后，乡亲们在井旁边立了一块石碑，碑上刻着："吃水不忘挖井人，时刻想念毛主席。"课文中有个片段描写到毛主席亲自带领战士们和乡亲们挖井的场景非常感人，但由于所写故事与学生相距甚远，学生缺乏相关的感性材料，教师须借助有效的言语活动，让简洁的内容具体化，抽象的情感形象化，让同学们看到毛主席为给老百姓解决喝水问题的困扰，亲自带领老百姓和战士们挖井，在感受伟人风采的同时还能有效地将劳动教育渗透于言语活动之中。

以下是《吃水不忘挖井人》的课堂教学片段。

【教学片段】

师：（出示课文第 1 自然段）请大家一起来读。注意这 3 个问题：时间？地点？人物？边读边用笔圈出来。

（生朗读第 1 自然段，边读边圈画相关信息。）

（生汇报。请生上黑板用白板笔在课件上现场圈画。）

师：大家同意他的圈画吗？

生：我有一点补充。时间应该是"当年毛主席领导革命的时候"，而不是"当年"。

师：我们找到了时间、地点和人物，我们再来了解一下这个地方——沙洲坝。

（出示沙洲坝图片和民谣"沙洲坝，沙洲坝，三天不下雨，无水洗手帕。旱死老鼠渴死蛙，有女不嫁沙洲坝"。）

生：（读民谣。）

师：通过图片和民谣，你发现了什么？

生：这里干旱，雨水很少。

生：这里吃水困难，只能靠下雨。

生：图片上他们吃的水都不清洁，很脏。

师：是的，你们说得很对。当毛主席来到这个地方，看到人们这样的生活，他有何想法呢？请同学们读第2自然段。

生：毛主席要给乡亲们挖井。

师：为什么要挖井？

生：因为"那时村子里没有井，人们只能吃池塘里浑浊的积水"。

师："浑浊"是什么意思？（板书"浑浊"）

生：很脏的水。

生：水不清，里面有别的东西，看不见底。

师：毛主席看见乡亲们饮用这样的水，他很心疼这里的村民，就打算给村民们挖一口井。

师：出示"挖"，请同桌之间用"认—想—写—用"的方法来学习。

生：提手旁表示挖要用手；穴字头表示挖了一个洞穴。下面的"乙"很像一个铲子。

师：说得真好，请同学们一起做一个挖的动作。看看我们的手臂像不像一个大铲子，弯着往下挖。"用手（扌）拿着铲子（乙）挖了个洞（穴）"。这样我们很快就记住这个字了。谁能用它来组词、造句？

生：挖井，毛主席为乡亲们挖了一口井。

生：挖沙子，我在沙滩上挖沙子、建城堡。

生：挖掘，考古工作者在古墓里挖掘出许多文物。

师：同学们不仅表达清晰，而且课外积累丰富。

师：理解了"挖"是怎么回事，那请同学们继续猜一猜，他们在挖井的过程中会遇到哪些困难？

生：他们手上的皮都磨破了。

生：毛主席的腰都累得疼起来了。

…………

师：同学们，毛主席的心里时刻装着老百姓，时刻牵挂着人民。

【分析与反思】

《吃水不忘挖井人》离学生生活久远。在教学中，教师想方设法让学生接近伟人，通过走进毛主席带领老百姓和战士们挖井的片段，从劳动的场景中感受伟人的风采,从而体会沙洲坝村民对毛主席的恩情世代不忘的情怀,基于对于儿童的尊重,在课堂中创设劳动情境是极好的策略。

1. 朗诵童谣铺垫情境——忆苦

《吃水不忘挖井人》是篇传统革命题材的文章,加上抽象的文字符号,很难引起学生视觉上的快感,上课开始教师以童谣导入:"沙洲坝,沙洲坝,三天不下雨,无水洗手帕……"让学生想象没有水的苦恼,联系自己的生活谈谈:"沙洲坝人民没有水……"学生带着缺水少雨的苦闷走进文本切切实实的生活场景中,理解了人们对水的渴望,为下文毛主席挖井埋下伏笔。

2. 师生对话生成情境——恩甜

在挖井片段教学中,教师重点带领学生自主认识汉字"挖",通过认一认、想一想、写一写、用一用,在理解生字的同时,深刻体会挖井的不易。随着对课文的理解,教师让学生化身为跟随主席挖井的小战士,把教室又变成了另外一幅热火朝天的劳动场景:"小战士,你拿的是什么工具?""咦? 小战士,你的手怎么这么脏?""小战士,瞧你,满头大汗,休息一下吧?""哎呀,小战士,你的肩膀上都起水泡了,快停下来吧?"学生边和老师对话,边动作表演,学生亲身体验这样的劳动情景,感受劳动的不易。同时引导学生,作为伟人的毛主席不辞辛劳为老百姓造福,我们作为新时代的学生更应该以此为榜样,从小事做起,养成爱劳动的好习惯。

3. 想象生活续补情境——感恩

课文最后在碑文"吃水不忘挖井人,时刻想念毛主席"中升华。这看似通俗直白的一句话由于立碑传文而蕴含着深广的意蕴。学生在个性化阅读中,受认知经验的限制,他的理解、体验往往不能一步到位。于是教师问学生沙洲坝人民有了这口井会干哪些事? 借以提供给学生几种人物,村妇、农妇、行人,把学生已有的生活经验引进阅读中来,从多角度、多层次交流中感受这口井给人们生活带来的便利,与当初沙洲坝吃水难形成了鲜明的对比,从心中涌起感谢毛主席的情怀。"吃水不忘挖井人"真正成为学生感于内而发于外的现实语言。

语文教学是一个动态的感悟、体验的过程,在教学中,我们还原文本情境,主要通过课堂对话还原,于是课堂生出一个具体的劳动情境,学生在感受与表达感性的劳动中发展和形成语文素养,同时又在语言的学习和运用中,理解劳动。

第三节　资源妙用拓情境探究劳动

学生走进文本建构的"劳动世界",对文本传递的劳动意义、情感、态度等的认同会产生认识上的偏差,主要原因是受儿童知识、情感、经验等不足的影响。搜集或提供课程资源可以暂时补足学生的信息储存,以使学生能充分地探究劳动世界,有深度地理解和建构劳动意义。

如学生在学习《延安,我把你追寻》一文时,对于"自力更生、艰苦奋斗"的延安精神的理解只是停留在字面解读上,教师就采用多个资源拓展课堂情境来促进学生的理解。采用植入图片资源,教师先出示今天的"南泥湾"胜景,引导学生对话图片,在言说中感受南泥湾这个塞北江南的绮丽风光,再呈现过去的"南泥湾"照片,学生在照片中看到的是一片荒无人烟的大戈壁,教师告知这是同一个地方,引导学生在鲜明的图片比照中自觉思考,为什么有如此翻天覆地的变化,自然而然地引出又一个课程资源——三五九旅开垦荒地的历史故事和场景。如此,儿童才真正地感受到"自力更生、艰苦奋斗"可以创造奇迹,同时,它也是中国富强腾飞的源泉力量,这是延安精神,更是中国精神。

课程资源形式非常丰富,有图像资源、文本资源、音频资源。以资源拓展情境,关键在于用,用得适时,用得恰当。如何妙用?我们通过几则案例促进大家一起思考,尝试找到资源妙用的有效策略。

案例一:妙用课文插图,体验劳动乐趣
——《识字五　动物儿歌》教学片段

【案例背景】

《动物儿歌》是一篇识字课文,以拟人的方法,用儿歌的形式呈现,读来非常有趣。儿歌中介绍了 6 种小动物的生活习性,因为用拟人手法来表现,所以儿歌中的小动物仿佛就是一个个可爱的小小劳动者,它们凭借自己的特长劳动,在劳动中创造属于它们的自由快乐的生活。教材根据儿歌内容,还配有生动有趣的彩图,可以辅助学生更好地理解文本内容,培植快乐的劳动情感,提升学生的劳动审美体验。

【教学片段】

师：在我们的课堂上，有一只小昆虫居然被我们快乐的歌声吸引过来了，猜猜这位小客人是谁呢？

（课件谜语："小飞机，纱翅膀，飞来飞去捉虫忙。低飞雨，高飞晴，天气预报它最棒。"）

生：我知道，是蜻蜓。

师：对，它就是蜻蜓（出示蜻蜓的词卡）。大家和我一起读一读。

师：你们看，这就是"蜻"字，它的右边有个青字，这个青字和我们整个字的读音是一样的，看来右边的"青"代表了这个字的读音，那么虫字旁又表示什么呢？

生：表示它是小昆虫。

师：原来虫字旁表示它的意思呀！（课件出示）我们把一部分表示字的读音，一部分表示字的意思的一类字叫作形声字。"蜻蜓"的"蜓"也是形声字，你看它左边的虫字就知道它是昆虫，右边的这个字读什么呢？

师：哎呀，我们不认识。你看这个字读"tíng"，右边这个字代表它的读音，我们大概能够猜测出它可能读什么？

生：tíng

师：原来形声字还能帮我们认读汉字呢！我们再一起亲热地叫叫它的名字吧！

生：蜻蜓，蜻蜓。

师：瞧！小蜻蜓来了。你看，蜻蜓是什么样子的，它张开翅膀在空中飞，所以我们可以把它叫作"展翅飞"，注意老师的动作，展翅就是——打开翅膀，再跟我读"蜻蜓展翅飞！"

（生边做动作边读"蜻蜓展翅飞"。）

师：学会了它的名字，我们就和蜻蜓成了好朋友啦！它还给我们带来了一些勤劳的小伙伴，你们想和它们做好朋友吗？

生：想！

师：它们在哪儿呢？它们正在我们的课文里忙活呢，请你认真地读一读，圈出这些小劳模的名字吧！

（生自由大声地读课文，并自主圈出课文中小劳模的名字。）

师：哪个小朋友已经圈完了，我请你把圈出来的劳模读给大家听。

（生拿着书本上台展示圈出的动物的名字。）

师：你看，老师把你圈的内容上传到了大屏幕上，你来读一读你圈的小劳模的名字。

（生认真读一遍。）

师：你真是个爱学习的小劳模。大家是不是和他圈的一样，你们也来做一做学习小劳模，读一读吧！

（生齐读小动物的名字。）

师：孩子们，看着你们一下子就找出了它们的名字，还喊得那么亲热，这些朋友可兴奋了，它们迫不及待地想要现身和我们见面了。看，这是哪个劳模朋友？（出示相关的词语和图片：蝴蝶、蚯蚓、蚂蚁、蝌蚪、蜘蛛）并让孩子们读。

…………

师：咦，在我们玩大转盘游戏，努力学习的当儿，这些小劳模们也赶回家忙活去了，它们都干什么去了呢？请大家读读儿歌，看看图画，一边读一边指着插图中的小劳模说说它在干什么？

（生自主学文。）

师：谁找到了蜻蜓在干什么呢？

生：蜻蜓在空中飞来飞去。

师：我们猜想一下它在忙着干什么呢？

生：捉虫子。

师：它们劳动的时候是多么快活呀，我们一起快活地读一读吧！

师：你看，蚯蚓又在哪里忙活，哪个小朋友找到它了？说说它在干什么？

生：老师，它在松土。

师：你看它挖了一个又干净又宽敞的洞，对蚯蚓来说，就是一个又高大又豪华的房子，我们把这个房子叫作宫殿。蚯蚓整天在土里钻来钻去，多像一个勤劳的建筑工人啊！它用自己的劳动为植物创造了良好的土壤条件，非常伟大！我们再来赞美一下它吧。

（生一起有感情地诵读句子。）

师：你们瞧，蚂蚁们又在干什么？

生：它们正排着整齐的队伍，把一粒又一粒的米运回洞里去呢！

师：这些米就是它们的食粮（出示词卡）来，我们一起读。

（生反复读。）

师：再来看看这句"蜘蛛房前结网忙。"蜘蛛结网是为了捕捉虫子，它可真聪明！可是我们人类更会想办法，从它身上得到了启发，发明了各种网，造福社会呢！你都知道哪些网呢？

生：渔网。

生：抓捕网。

生：防盗网。

师：是啊！勤劳的动物们忙碌着，忙碌着，和我们一起完成了一首有趣的儿歌，儿歌的题目就是"动物儿歌"（板贴课题），我们一起完整地读一读这首儿歌吧。

【分析与反思】

低年段的语文教材，有很多课文配有插图，这些插图鲜活、直观、富有儿童气息，易于学生观察理解，与文质兼美的课文相配合，具有形象性、直观性的特点。教师可充分挖掘课文插图的教学价值，使学生在新、异、奇的情境中生动、形象、具体地掌握文本意义，从而实现"立德树人"的教学大任务。

《动物儿歌》是一篇识字课文，图文结合，共同打造了一个以"劳动"为主题的童话情境。小动物就是学生眼中可爱有趣的劳动者。学生在课堂上圈画小动物，与小动物打招呼，认识小动物，其本质是在完成语文学科的语言文字的积累与梳理的任务，但是因为有了插图的直观呈现，有了教师课堂教学情境的创造，识记字词的过程也就被趣化为认识劳动者的过程。学生爱童话，爱小动物，也欣赏小动物的劳动创造。

另外，对于课文句子的理解"谁在哪里干什么？"不是生硬地提问，也不是枯燥地记读，而是充分利用课文中的图片资源，让学生在色彩鲜明、生动有趣的画面中寻找小动物的足迹，感受他们所处的位置，体会他们所从事的劳动，感悟作者这样写的方式，既有趣，又能让人印象深刻。

另外，上述案例还基于课文情境创设课堂的劳动"情境"。蜜蜂辛勤劳动传播花粉；蚯蚓身体力行给植物松土，为自己建造房子；蚂蚁举全身之力搬运粮食填饱肚子；蜘蛛巧妙织网捕捉害虫……它们都是动物界的劳动典范。它们或为自己安身立命，或为他人创造价值，或为自然界谋福祉，堪称动物界的小劳模。所以在设计中，教师充分认识到课文情境的这个劳动元素，反复强调"小劳模"这个概念，让学生去课文中找找劳模的名字，识记生字，巧读新词，在与"小劳模"的反复照面中，植入劳动者是光荣的，劳动者是被尊重的情感。再围绕"这些小劳模做了什么?"展开课堂对话,理解小昆虫的劳动行为,借助韵语歌的节奏感,在多种形式的朗读中,体悟劳动的快乐,语言的美感。

案例二:选用精致资源,促进劳动精神的体悟深度
——《挑山工》教学片段

【案例背景】

"挑山工"是一种职业,他们用自己的双脚丈量高山,他们用付出的艰辛服务社会,他们曾在相对狭窄的区域里创造着自己的劳动价值。因为教材蕴含的文学价值与艺术价值并重,《挑山工》一直是各种版本教材里的宠儿,但是如何让学生能在语言实践中,获得对文本蕴含的劳动意义的深刻理解呢? 我们来看下面的课堂实录。

【教学片段】

师:接下来我们进行小组合作学习。思考,朴素的话是指哪几句话? 意味深长的哲理是指什么?

合作提示:总结挑山工的语句,对比他们与游客的区别,最好都用四字词语来概括哦,可以讨论出最佳词语来。

课件出示:

他听了,黑生生的脸上显出一丝得意的神色。他想了想说:"我们哪里有近道,还不和你们是一条道? 你们走得快,可是你们在路上东看西看,玩玩闹闹,总停下来呗! 我们跟你们不一样。不像你们那么随便,怎么高兴就怎么。一步踩不实不行,更不能耽误功夫,我们得一个劲儿往前走。别看我们慢,走长了就跑到你们前边去了。你看,是不是这个理?"

师:我们觉得自己在饱览壮丽的山色,在诵读古人的题句,挑山工眼里那是——

生:东看西看、玩玩闹闹。

师:我们觉得累了舒展一下身子,他们的眼里是——

生:走走停停。

师:与普通游客相比较,挑山工上山的特点是——

生：目标专一、坚持不懈、不断攀登。

师：其实还不止这些。（教师出示资料）

生：泰山作为五岳之首，有 1545 米高，6331 个台阶，其中十八盘台阶又高又陡，爬山从山脚到山顶，全步行需 4~6 小时。

师：你又有了怎样的体会？

生：他们的路程很长，登上山顶是多么不容易。

生：他们得有多么坚强的意志力啊。

生：挑山工要想完成劳动任务，必须目标专一，坚持不懈，不断努力。

师：这就是包蕴着的意味深长的哲理。这个道理挑山工需要，作者需要，还有哪些人需要呢？

生：我们也需要。

师：把挑山工的话改编一下，说给学习上不够用心的同学听。"我们哪里有近道……就跑到你们前边去了。"

生：学习哪里有近道，还不和大家是一条道？你们在学习的时候贪图玩乐，做作业磨磨蹭蹭。我跟你们不一样。不像你们那么随便，高兴怎么就怎么。作业不做好不行，课堂上不认真听不行，必须脚踏实地，这样时间长了，就能跑到别人前面去了。

师：其实，要做好生活中的事情都是如此。很遗憾地告诉大家，挑山工已经逐渐退出人们的视线，据记者统计了解，2010 年前，泰山挑山工的规模有 300 多人，作者 2013 年再登泰山时已经只剩下几十人，而此时此刻也许只剩下几个人了吧。让我们再来看一段视频，体会一下这个给我们带来丰富哲理和感动的工作吧。（教师播放视频）

（学生入神观看视频。）

师：感谢冯老，一个真正的语言大师，不仅仅是文学素养高，更在于他能用一双善于发现美的眼睛，文学的力量像一缕缕阳光射进这世界每一个低矮的窗户，让我们可以欣赏到许多容易被忽略的人和事。

【分析与反思】

上述案例中，链接了两个课程资源。

一则资源是关于泰山的信息。泰山占据着中国名胜中的地理高度和认识高度。四年级的学生认识泰山，了解泰山，甚至游过泰山。对于理解挑山工的登山行为，哪些信息是有效的，能促进学生的认识深度，能开阔学生的认识视野，教师要在众多信息中进行筛选、整理与组合，实现资源的精致化。上述案例中，教师搜集泰山信息，提取了对于理解登山难度有效的信息——一串数据，让数据说话，让数据激荡学生的情感，泰山"1545米高"，有"6331个台阶"，全程步行需"4~6小时"，对登山难的理解被数据具体化。简单的数据，激起学生对挑山工的崇敬之情。

还有一则是视频资源，教师巧妙截取一段，社会的发展让一个工种消失。但是，我们今天为什么要学习《挑山工》，作者为什么要挂这样一幅画在书桌前？视频资源很小，很精致，却让学生的思考在消失与存在的碰撞中激起火花，生出意义。挑山工会消失，但劳动不会消失，我们需要学习挑山工精神。挑山工精神即是脚踏实地、坚持不懈、勇往直前的劳动品质。

改造课程资源，让课堂资源精致化，在语文学习中，不只是劳动意味的建构有优势，还可影响其他人文素养对学生的有效熏陶。

第四节　课堂对话化情境理解劳动

"情境"是对话生成和促进的关键载体。情境可以生成对话，无论是基于学科逻辑，还是生活逻辑，无论是生活情境，还是学科情境，情境都是对话展开的基础，学生在情境中对话，在对话中生成情境意义，影响对话主体——学生的发展。

假设文本承载着劳动元素，那么劳动元素在学生心灵上的着床一定依赖于课堂上师生对话的流畅与深刻。我们以文本为载体，以语言为媒介，以劳动意义的建构为主题，课堂上师生之间围绕主题，打开一场民主、平等、和谐的对话，那么对话过程中生成的意义也就是自然的、深刻的。我们亟待学生能在这样的语言实践中，获得丰富的劳动认知。

课堂对话的交往形式是非常丰富的。师生对话、生生对话、生本对话都是常见的对话形态。

师生对话，即师生围绕一个话题展开对话，话题的产生依托文本，文本中蕴含的劳动意味，常常会转化为课堂师生对话的主要话题。如学习六年级教材《青山不老》一文时，教师设计话题"老人创造了哪些奇迹，为什么说这是奇迹？"课堂师生围绕这个话题展开对话交流。在对话中生成"用劳动可以创造奇迹"的主旨意义。

课堂表演既是学生与文本对话的过程，也是学生与文本对话的创造性作品。课堂表演的具身体验，可促进学生对于文本承载的劳动意识与理念的结构与内化。如《桂花雨》一课，师生共同进行课堂表演，在带有游戏意味的情境中，学生可以充分享受摇桂花带来的劳动乐趣。

下面，我们通过几则案例，思考以课堂对话为载体融合劳动教育的可行与可为。

案例一：对话唤醒劳动情境，品味生活情趣
——《祖父的园子》教学片段

【案例背景】

《祖父的园子》是五年级下册第一单元的一篇课文，是著名作家萧红的一篇回忆性散文。作者以诗化的语言，以一个儿童的视角，再现了童年时代自己在祖父的院子里与祖父一起劳动、嬉闹，度过了一段无忧无虑、自由快乐的时光，充满童真童趣，寄寓了作者对童年生活的向往和怀念之情。通过了解小萧红在祖父的园子里栽花、拔草、下种、溜土、铲地、浇水、追蜻蜓等趣事儿，引导学生在劳动生活中感受生活情趣。

【教学片段】

师：再次默读课文，从哪些地方让你感受到这份乐趣，用心读一读，拿起笔在旁边写上你的感受。

师：我们来分享一下，你觉得哪件事最有乐趣，使你看着看着就想笑了。注意，认真倾听，相同的观点不重复。

生：大家请看第 3 自然段，读到"祖父戴一顶大草帽，我就戴一顶小草帽；祖父栽花，我就栽花；祖父拔草，我就拔草"，我觉得小萧红就像是祖父的小尾巴，喜欢跟着大人有样学样。

生：我也喜欢这一句，我想到了影子，我做什么影子就做什么，祖父做什么小萧红就做什么，我仿佛看到了在炎炎夏日，两顶一大一小的草帽坐在小板凳上，埋着头，不时一点一点的，真有趣！

师：你能结合自己的劳动生活经验，真了不起。萧红特别喜欢用绕口令般的重复语言来叙述故事，这样的语言风格充满着独特的"萧红味"。

生：我喜欢这一处——"祖父种小白菜的时候，我就在后边，用脚把那下

了种的土窝一个一个地溜平。其实,不过是东一脚西一脚地瞎闹。有时不但没有盖上菜种,反而把它踢飞了。"这哪里是在种小白菜,简直就是在瞎闹!

师:你有这样的劳动经验吗?

生:我弟弟就是这样的!每次我们去乡下爷爷家,我爷爷要种地,我弟弟也要干,不会挖,但总要抢在前面。

师:(笑)弟弟知道自己是在瞎闹吗?

生:应该不知道吧,他的小脸可认真了,我觉得他是想帮忙,但帮到后来就开始乱来了,开始玩了。(苦笑)

师:这就是小孩子的快乐呀,喜欢去体验生活,但做事儿又往往3分钟热度。谁愿意扮演文中的小女孩,来读读"自己"的调皮捣蛋。(生读)

师:想象着小女孩东一脚西一脚踢飞种子时的调皮相,再来读读这有趣的画面。(生读)

生:从"这哪里是铲,不过是伏在地上,用锄头乱钩一阵。我认不得哪个是苗,哪个是草,往往把谷穗当作野草割掉,把狗尾草当谷穗留着。"也可以看出我是在瞎闹,简直是帮倒忙。我觉得很有趣,小萧红真的很可爱,而且我还可以看出祖父也很宽容我。

师:"我"是故意的吗?

生:应该不是。

师:你怎么知道的?

生:从下面"我"和祖父的对话中,还有祖父教"我"认谷子和狗尾巴草的区别,可以看出"我"是真的分不清。

生:我特别喜欢这一句,"玩腻了,我又跑到祖父那里乱闹一阵。祖父浇菜,我也过来浇,但不是往菜上浇,而是拿着水瓢,拼尽了力气,把水往天空一扬,大喊着:'下雨啰!下雨啰!'"我读的时候想到了上学期学过的《桂花雨》,这份快乐应该是相似的吧。

师:你可真会读书,能够联系到已经学过的知识呢!同学们,这份相似的快乐是什么快乐?

生:捣乱的快乐。

生:自由自在、无拘无束的快乐。

生:童年的快乐。

生:帮大人干活的快乐。

师:有道理,我们再来好好读一读,想象一下,小萧红大喊着"下雨啰!下雨啰!"的神情是怎样的?(生读)

生:激动的。

生:欢快的。

生:天真烂漫的。

师:带着这份情感,再读一读,边读边想象她的动作、神情。(生读、演)

师:你看,水瓢本是劳动的工具,可到了"我"那儿,就成了乱闹的玩具。这就是劳动的快乐啊。(板贴:劳动之趣)瞧"我"的开心劲儿,让我们再来读一读。

【分析与反思】

生活情趣是人类精神生活的一种追求,对生命之乐的一种感知,一种审美感觉上的自足,良好的生活情趣培养,基于人文素养的积淀,基于认识视野的开拓,更是基于对劳动创造美好生活的认知。良好的生活情趣可以放松紧张的情绪,驱走身心的疲惫,享受生活的美好,陶冶高尚的情操,甚至可以提升人格魅力。而生活情趣就存在于劳动生活中,这个片段通过一个问题"从哪些地方让你感受到这份乐趣",引导学生走进文本,课堂上教师通过师生对话,引导学生联结自己的劳动生活经验,去感受劳动的快乐。仔细分析这个片段,我们可以发现,片段中执教者以文本为载体,通过师生对话,努力唤醒学生已有的生活经验,与文本共情,从而体悟劳动的快乐,感受生活的情趣。

生活处处有劳动,劳动要付出体力或脑力,需要做出一定的牺牲,如果学生没有正确的劳动观念,会认为劳动是一项又苦又累的差事,害怕劳动,不愿劳动。怎样才能让学生变"苦"为"乐"呢?萧红的文字给了学生很好的指示——心是自由的,眼中之物也是自由的;心是快乐的,所做之事也是快乐的。学生通过联系自己已有的生活经验,可以明白这个道理。在执教过程中,学生与教师对话,能够联想到自己的弟弟,联想到已经学过的《桂花雨》以及眼前浮现出一老一小劳动时的具体样子,可以看出学生的生活经验已经在对话中被充分调动起来。

良好的生活情趣,有助于儿童热爱生活,对于生活产生积极的情绪,每天都会生活得很快乐,从而形成正确的世界观、人生观、价值观,促进儿童的健康成长。一个铲头、一根狗尾巴草、一把水瓢都能让小萧红获得童年的快乐,在祖父的园子里留下美好的童年回忆。水瓢本是劳动的工具,可到了小萧红那儿,它就成了乱闹的玩具,这就是快乐的钥匙。其实劳动的苦与乐、生活的苦与乐、人生的苦与乐何尝没有相似之处呢? 全靠我们拥有一双发现乐趣的眼睛。儿童也许无法深刻理解这一点,但笔者认为,这个辩证的思维方式可以有助于儿童认识世界,看待生活,从而激发儿童对于生活的热爱。

案例二:课堂表演情境,体验劳动快乐
——《桂花雨》教学片段

【案例背景】

《桂花雨》是一篇回忆童年生活的文章,描写了作者在家乡摇落桂花时的情景,表现了儿时生活的乐趣,字里行间充满了对家乡、对童年生活的无比怀念。

本文语言清新,情感丰富而真挚。作者以童年时代的眼光看待事物,反映出纯真的童趣、纯朴的情感,这种情感集中体现在摇桂花这一场景之中。在这一课中蕴含着很多的劳动元素,摇桂花、做桂花糕点是一种劳动,分享桂花、品尝食物是劳动的乐趣。在教学中如何贯彻劳动的元素,让学生感受劳动也是一种快乐呢? 我们来看一个课堂教学片段。

【教学片段】

师:桂花特别的香味令琦君印象深刻,也让我们陶醉其中。但琦君的童年快乐不仅仅源于此,更在于摇桂花这件事。让我们一起来看课文的第5自然段,找找作者的快乐。

生:我找到了这句话:"这下,我可乐了,帮大人抱着桂花树,使劲地摇。摇哇摇,桂花纷纷落下来,我们满头满身都是桂花。我喊着:'啊! 真像下雨,好香的雨啊!'"

师:你从哪看出"我"很快乐呢?

生:我从"抱、摇、喊"这些动作描写中感受到作者的快乐。

师:请大家把这些动词都圈出来。

生:我从"啊! 真像下雨,好香的雨啊!"这句话中感受到作者的快乐。

师:你抓住了对人物的语言描写,真会感受。

师:同学们,此时此刻如果是你,你会怎样喊呢?

生:我会开心地喊。

师:请你开心地喊一喊。

师:你们还会怎么喊呢?

生:我会一边拍手一边喊。

师:老师听出了这份惊喜。

生:我会激动地跳起来喊。

师:你带着动作喊出了快乐。

生:我会手舞足蹈地喊。

师:这雨真香,香到我们的心里去了。

师:让我们一起来喊一喊。

师:原来我们可以用不同类型的词来表达快乐之情。可是文中一个词也没有,琦君把这份快乐藏在了哪里?

生:藏在作者的心里。

师:是啊,让我们带着这份快乐再一起读一读这段话。

师:同学们,刚才大家都纷纷说了自己印象深刻的事情,下面让我们仿照这个片段,用上适当的动作和语言描写,也来写一写当时内心的情感。

【分析与反思】

以上片段教师引导学生通过阅读课文第5自然段,抓住作者的动作和语言来感受她摇桂花的快乐。最后让学生也运用动作和语言的描写来写一写自己印象深刻的事情。教学该片段时我们可以看出教师竭力想让学生感受到作者的那份快乐,但是现场学生的反馈却不尽如人意。学生能按老师的指引找出动作描写和语言描写,但作者摇桂花时的快乐似乎未能洋溢在心头。究其原因,莫过于现在的学生很缺乏这样的劳动体验。如果学生也摇过桂花树,那这份开心不言而喻,自会流淌在心间。所以,我们可以尝试创设情境让学生在课堂上摇一摇桂花。

1.对话联系生活实际感受劳动乐

曾看到过这样一个故事:有一群年轻人有很多烦恼,他们向苏格拉底请教快乐到底在哪里,苏格拉底说:"你们还是先帮我造一条船吧。"这群年轻人把寻找快乐的事先放在一边,付出很多努力,用了七七四十九天造成了一条独木船。当他们把苏格拉底请上船,一边合力荡桨一边齐声放歌时,苏格拉底问:"孩子们,你们快乐吗?"他们齐声回答:"快乐极了!"其实这群年轻人一开始并未领悟到什么是真正的快乐。但是后来,他们从自己的劳动中获得了快乐。

五年级的学生已经有了一定的劳动能力,平时帮妈妈扫地做饭,帮爷爷奶奶种田浇花。在劳动中肯定也会有或多或少的体会,教师在教学时可以结合学生的生活实际,让学生自由说一说。学生或许会说劳动是辛苦的,劳动是累的,劳动是枯燥的,等等。这确确实实是学生最真实的感受,然而教师可以进行积极引导。如,"是的,帮妈妈做家务时确实有点累,但当你看到妈妈露出的微笑,当妈妈大大地夸赞你时,你的感受还是累吗?"再如,"你帮爷爷在菜地里除草时觉得很无聊,一整天下来可能都腰酸背痛了。但当你吃到鲜美的小青菜、甜玉米、脆甘蔗时,你还是同样的感受吗?"学生在老师的引导下肯定有了新的感受,那就是开心快乐。

因而在此片段教学时教师如果能将学生切实的劳动经历放进去,那么作者的那份快乐自然也不言而喻了。

2.表演创设情境感受劳动乐

听过虞大明老师讲的《桂花雨》,上面的片段虞老师是这样讲的:

师:提到最多的是摇花乐。找一找直接描写摇花乐的句子。(板书:摇花之乐)

师:跟课文中插图相吻合的是哪段文字?把句子用括号括下来,这段句子写的就是摇花乐。像琦君这样摇花你们会吗? 你们当琦君,我当桂花树。待会儿摇不动不要怪我。哪几位孩子愿意体验一下摇花的快乐?

师:春英! 春英! 没反应。忘了跟大家交代,琦君的小名叫春英,那我作为妈妈当然要喊你的小名。

师:春英! 快来台风了,快来摇桂花了。

(生摇。)

师:还说像琦君一样摇桂花树会摇。这3个人一点都不会摇,不够使劲。你看……使劲地摇。摇不下来,就没桂花糕吃了。还有不要只关注动作。忽视了语言,你不关注到语言,就体会不到快乐。明白没有?

(生再摇,再读。)

师:有没有体验到那种快乐?

生:有。

师:请问乐在何处。

生:摇桂花和桂花下来的时候。

师:摇花之乐,乐从何来?

生:摇下的桂花很香。

师:摇下的桂花很香。脸上身上都是,真是快乐。

显而易见,虞老师的这个片段给学生营造了摇桂花的场景,学生在课堂情境中,通过表演体验这份劳动的快乐。冯卫东老师写的《为"真学"而教——优化课堂的 18 条建议》一书中就提到让学习真正的发生,就要让教学真正的发生。虞老师正是将摇桂花的真实场景用在课堂上,因而有了学生真实的情感喷发。"劳动"意于"动",学生在课堂上若能动起来,那他们自会被快乐萦绕。

案例三:对话图片,汲取劳动智慧
——《我要的是葫芦》教学片段

【案例背景】

《我要的是葫芦》是人教版第三册第四单元课文,这是一篇寓言故事,也是一篇趣味介绍植物自然生长规律的课文,更是一篇蕴含劳动智慧的文章。课文主要写了种葫芦的人不懂得事物之间的联系,不懂得葫芦的生长规律,一味只盯着葫芦,叶子上长了蚜虫不去治,邻居劝他也不听,结果小葫芦慢慢变黄,一个个都落了的故事。这则寓言故事虽然短小,但背后却蕴含着"只想结果不付出劳动是不可行的"简单而深刻的道理。仔细品读这样一则寓言故事,需巧妙借助图片,引导学生与图片对话,帮助学生从中汲取劳动的智慧。

【教学片段】

师:(出示课文插图)认识了葫芦,我们再来看看这是什么?(教师指花)

生:花。

师:具体点说,是什么花?

生：葫芦花。

师：这是什么？（教师指叶子）

生：葫芦叶。

师：这是什么？像蛇一样缠绕上去，攀爬上去。（教师指藤）

生：葫芦藤。

师：这个木棍是什么？

生：葫芦架。

师：这整个植物我们叫它——葫芦。

师：今天，我们要学一个有趣的故事。谁来给我们读读故事的开头？

生："从前，有个人种了一棵葫芦"。

师：真好，读出了故事开头的神秘感。

师：在一段时间之后，这颗葫芦发生了什么变化呢，谁来读一读？

生：细长的葫芦藤上长满了绿叶，开出了几朵雪白的小花。花谢以后，藤上挂了几个小葫芦。

师：句子里有个生字"藤"，谁能读好它？

生：藤。

师：藤啊，就像我们的手一样能攀附着葫芦架直往上爬，你知道还有哪些植物有藤吗？

生：葡萄。

生：爬山虎。

生：蔷薇、紫藤萝、牵牛花。

师：有藤的植物可真不少，请你观察插图说说我们课文当中的葫芦藤是怎么样的呢？

课件出示：

（　　　　）的葫芦藤

生：细长的葫芦藤。

师：怎样的绿叶？

生：茂密的绿叶。

师：怎样的小花？

生：雪白的小花。

师：怎样的小葫芦呢？

生：可爱的小葫芦。

师:这4个短语,请你根据课文内容给他们排序。

生:细长的葫芦藤—茂密的绿叶—雪白的小花—可爱的小葫芦

师:细长的葫芦藤上长满了绿叶,接着开出了几朵雪白的小花,花谢之后,藤上挂了好几个可爱的小葫芦(师引读,边引读边出示课件)。先长叶再开花再结果,其实这就是葫芦的(　　　　)过程?

生:生长过程。

师:是啊,植物的生长必须经历生根—发芽—开花—结果的过程,它们有其生长规律所在。

师:瞧,这是过了一段时间后的葫芦,请你仔细观察插图,你发现了什么?

生:葫芦变黄了。

师:可爱的小葫芦变成了怎么样的葫芦?

生:黄黄的小葫芦。

生:掉落的小葫芦。

师:细长的葫芦藤又有什么变化呢?

生:变成了枯萎的葫芦藤。

师:茂密的绿叶呢?

生:变成了满是破洞的黄叶。

师:雪白的小花呢?

生:都消失不见了,成了凋谢的小花。

师:(出示两幅插图)为什么葫芦会发生如此巨大的变化呢?

生:因为养葫芦的人没有治叶子上的蚜虫。

生:他不知道叶子和果实之间是紧密联系的。

师:是啊,事物之间有联系,其中任何一个环节出现问题都会影响植物最终的生长。若想要一颗植物成功结出丰硕的果实,每个环节都要认真照料,细心爱护,这就是劳动的智慧。

【分析与反思】

以上片段教师组织学生与图片对话,认识了整颗植物"葫芦",明白一株"葫芦"由哪几部分组成,之后再与课文插图对话,结合课文第1自然段的教学,理解"细长的葫芦藤""茂密的绿叶""雪白的小花""可爱的小葫芦"这4个短语,最后结合生活强化"藤"这个生字的认读。

再出示另一幅插图,两幅图对比感受葫芦的变化,知晓课文蕴含的哲理。

再仔细分析这个片段,我们还发现,执教者从低年级学生的学情出发,在阅读教学中巧妙运用了图片,图文结合,在对话中拓展了植物生长的规律,理解植物各部分不可分割、紧密联系的道理,同时悟得一个道理:要想收获果实,要掌握劳动的规律与常识。

1. 巧借插图对话生"意"

插图是语文教材的有机组成部分,是语文课堂教学的重要资源。借助课文插图,能有效帮助低年级学生形象地理解语言和课文内容,更能帮助低年级学生培养观察能力、思维能力和想象能力,从而提高学生在综合实践中运用语言的能力。本篇寓言故事与葫芦的生长有关,二年级的学生大多只吃过"葫芦"这种果实,在生活上几乎没有机会见到真实的"葫芦"植物,为了让学生更能形象直观地了解"葫芦"这种农作物,在上述片段中执教者先组织学生仔细观察第1幅课文插图,通过插图厘清果实"葫芦"和植物"葫芦"的区别,了解植物"葫芦"是由葫芦花、葫芦叶、葫芦藤、小葫芦组成的。在此基础上再让他们用自己的话来描述一下所看到的葫芦,学生积极表达,例如"很多很多的葫芦叶""绿绿的葫芦叶""白白的葫芦花""青青的小葫芦""扭来扭去的葫芦藤""茂密的葫芦叶"等,在七嘴八舌的交流中,学生对这个植物有了一定的常识了解,这个长势良好的植物形象就慢慢地出现在学生的脑海中,也激发了学生对这棵葫芦的喜爱之情,自然而然地理解、体会到种葫芦的人对自己所种葫芦的深爱之情。接着执教者立马出示第2幅枯萎的葫芦图片,两者形成强烈的反差,直观地对比更激发学生的表达欲望,在言说中理解种葫芦的人不懂劳动之智,不明整体和部分的关系。

2. 充分对话实践流"意"

语言作为思想的外衣,它的物质外壳与思想内容应当是浑然一体、不可分割的。上述片段中,教师在教学第1自然段时结合插图,让学生用自己的语言表达看到的葫芦形态,这个交流探讨过程其实就是学习第1自然段的第2、3两个长句子的过程。教师巧妙地把蕴含生长顺序的长句子分割成一个个词组,先让学生拓展词组,再根据课文内容给词组排排顺序,最后教师梳理总结葫芦的生长过程"细长的葫芦藤上—先长出了绿叶—接着长出了小花—最后长出了小葫芦",教师通过葫芦的生长引导线串联词组,让学生感受原来小葫芦是这样慢慢长大的。学生在理解词语的基础上了解了葫芦生长的过程,即植物生命的繁衍是一个生根、发芽、长叶、开花、结果的过程,在这一过程中,前一环节直接影响着后一环节,要想得到好果实,就要细心呵护植物各部分的生长,不能只关注结果,不在意细节。劳动意义在丰富的语言实践中自然流淌。

3. 用心对话生活找"意"

语文是生活的提炼,生活是语文的源泉,生活中处处皆语文。《义务教育语文课程标准》(2022 年版)中明确提出"学习资源和实践机会无处不在无时不有。因而应该让学生更多地直接接触语文材料,在大量的语文实践中掌握运用语文的规律。"由此可见,语文和生活是不能分割的。所以语文学习也应同语文课程一样深深植根于现实生活中。在教学生字"藤"时,教师先解决基础的读音和字形,再结合学生生活经验提问"你在生活中见到过哪些带有藤的植物?"学生立马能答出"葡萄藤""爬山虎""西瓜藤"……为了引导学生做一个生活中的有心人,教师在总结时提出"很多植物都有藤,但他们的藤又有什么区别呢? 留着你课后自己去探索发现",一个问题,一个留白,在学生心中埋下了一颗探究学习的种子,更在学生的生活中种下了关注劳动生活的种子。

习近平总书记在全国教育大会上强调:"要在学生中弘扬劳动精神,教育引导学生崇尚劳动、尊重劳动,懂得劳动最光荣、劳动最崇高、劳动最伟大、劳动最美丽的道理,长大后能够辛勤劳动、诚实劳动、创造性劳动。"在语文教学中融入劳动教育是时代的要求,是社会的呼唤,是"立德树人"目标落地的一项维度。作为一名语文教师要有劳动教育的自觉性和主动性,挖掘课文中显性或隐性的劳动教育元素,与学生展开一场积极的对话。

第四章 言语表达与劳动教育融合的案例探索

　　无论是自然环境的生态表现,科学技术的持续进步,还是人文艺术的审美创作,都离不开人们的辛勤劳动。正是因为有了劳动,世界才变得更加美好和多彩。所以,我们也可以认为劳动是世界的客观存在。语文学科的主要任务是学习运用语言表达对世界的认识,如此,劳动也就成了言语表达的关键对象。学生可以运用语言表达对劳动世界的认识,对劳动事件的感触,对劳动主体的看法,在表达中生出并不断修正"劳动"意义。

　　带有"劳动意味"的言语表达在语言学习的过程中大致呈现两种状态:一种状态是以选文为语言材料,围绕选文中的劳动元素进行言语表达,这种言语表达主要表现的是对选文中的"劳动元素"的理解;另一种状态是在阅读吸收的基础上,运用习得的方法、思维等表现生活中的多样态的劳动内容,如写一次家务劳动,记叙一个劳动场景。无论是基于阅读的言语表达,还是基于劳动观察的言语表达,其本质都是学生与劳动概念对话的意义生成。

　　言说生成意义,表达流露思想,我们期望学生在言语表达中完成对劳动意义的深度建构。

第一节　多样的语言输出中强化劳动的价值确立

　　语言输出是指我们通过口头表达、书面写作或其他形式,将我们内在的观点、情感、信息、知识等转化为语言符号的过程。语文课程融合劳动教育,我们十分在意"言说",因为言说的过程是学习运用语言文字的过程,在言说中学生既能获得语言经验,又提升语言能力;同时,言说的过程也是积累思想、形成观点、培植情感的过程。在言说中学生的思想会越来越深邃,观点会越来越清晰,情感会越来越明朗。

在信息高速发展的今天,语言输出样式越来越丰富,传统的语言输出样态有口头表达,如演讲、辩论等,植树节做"植此青绿,美化校园"的主题演讲就是口头语言输出的一个样例;有书面写作,如写文章、信件、报告等,对于学生来讲,最常见的就是练习写一篇习作,记录一个劳动场景,叙写一次劳动经历。现代的语言输出样态主要依托各种媒体发声,如微信朋友圈、视频号、抖音等,学生经历完一次劳动,以图配文的形式发朋友圈,多少点赞,就是对他的言说表达中透出的价值观的肯定。

不过,学生是一个不成熟的言说者,所以他们的言说需要经历一个从不会到会,从不熟练到熟练的过程,所以,我们还关注语言输出的另一样态:基于教材选文的口头或书面的言说。基于教材选文的言说有两种方法,一种是学习教材选文的语言形式,学习表达;另一种学习教材选文的主题观点,建构意义。前一种样态重在学习语言能力,后一种样态重在构建精神世界,两种方法的完全融合,才能促进学生的全面发展。

我们期待,学生能经历各种样态的言说,言说"劳动行为""劳动事件""劳动知识"等,在言说中,确立正确的劳动观念和劳动价值。

下面,我们读几则案例。

案例一:"说美"品味劳动的多样美
——《搭石》教学片段

【案例背景】

《搭石》是五年级上册的一篇意境优美、生活气息浓郁的散文。作者刘章是来自河北农村的乡土诗人。《搭石》语言清新,画面优美,全文向读者介绍了中国乡村的美好景色以及人性的纯粹。这篇文章许多地方都能使我们感受到"美",这种"美"有看得见的自然之美,也有看不见的劳动人民的品质美。对劳动和劳动者的尊重是时代永不改变的主旋律,通过歌颂劳动人民的崇高劳动品质,能够让学生感悟劳动的伟大,奠定学生热爱劳动并投身职业劳动的情感基础。《搭石》中的劳动人民具有勤劳自律、善良奉献的劳动品质,十分值得学生学习。我们尝试用"说美"的语言输出,让学生在交流中感受劳动人民的可贵品质。

【教学片段】

师:课文中的搭石也让我们感受到了很多美,这些美都藏在了乡亲们的劳动生活中。让我们找出来体会体会。(板书:劳动之美)

师:请大家默读第2自然段,潜入字里行间,去细细体会这个段落有哪些劳动之美?

生:秋凉以后,人们早早地将搭石摆放好。如果别处都有搭石,唯独这一处没有,人们会责备这里的人懒惰。

师:你从哪些词语中感受到劳动之美?

生:我从"早早地"想到家乡人民的生活离不开搭石,人们非常勤劳。

师:把你的感受读出来。

生:我从"责备""懒惰"想到人们的生活离不开搭石,如果没有摆放就会被人责备,也看出人们非常勤劳,厌恶懒惰。

师:请用朗读表达你的感受。

师:从"早早地"这个词语可以看出在这个季节摆搭石已经成为村民的一种习惯,没有及时摆放是会被人责备懒惰的。可见勤劳、自律已成为乡亲们的一种习惯。(板书:勤劳自律)

师:你们能把自己的理解融入朗读当中吗?

(生朗读句子。)

师:你还从哪些句子体会到了劳动之美?

生:上了点年岁的人……

师:读到这句话,你的脑海里浮现出了什么样的画面?

生:我想象到一位老人急匆匆地走去干活,但是发现搭石有点不平稳,他就停下来把搭石调整好,再在上面踩了好几遍,确认没问题了再走。

师:我们换位思考一下,如果你是老人,见到此处没有搭石时会想些什么?摆好踏上几个来回时又会想些什么?

生:我会想到这里的人真懒惰,怎么都没摆好搭石,多不方便啊!

生:我会想到总算摆好了,后面的人可以放心走了。

师:走入老人的内心,你发现了什么样的美?这是一位怎样的老人?

生:这是一个为他人着想的老人。

生:这是一个善良、会奉献的老人。(板书:心有他人、善良奉献)

师:让我们带着感受再来读一读这个句子。(齐读)

【分析与反思】

以上片段教师带领学生品读语段"说美",学生体会到了藏在乡亲们劳动生活中的优秀品质——勤劳自律、善良奉献。仔细分析这个片段我们可以发现,片段里执教者在努力挖掘文本的语言意义,引领学生在言语品味中理解和欣赏根植于乡间的最朴素的人情,并鼓励他们说出来,最后,教师引导学生认识到"劳动之美",它是由相同优秀品质的劳动者共同浇灌而生成的。

1. 欣赏语词,言说劳动凝成的乡情美

《搭石》很美,用质朴的语言组织起了一幅幅乡村人文图景。如何引领学生欣赏这份美,教师牢牢抓住语言学习这根绳,读句子,品语词,说理解,完成从文字理解到意义生发的阅读过程。如学生找到的第一处是"秋凉之后摆搭石",教师引导学生抓住关键词"早早地"品读在这个季节摆搭石已经成为村民的一种习惯,各种准备工作已经到位,不用人叮嘱催促,不用人安排。俗话说"三勤一懒,想懒不得懒",从人们摆搭石的行为中可以看出在多数村民的影响下,自律、勤快已成为当地人的一种习惯。这是乡情美,而这份乡情是由付出和劳动浇灌的。学生在言说语言的理解和欣赏时,他们的心里也就自然而然地生出意义:劳动和付出凝成的乡情是世界上最美好的情感。

2. 想象画面,言说劳动生出的传承美

《搭石》是一篇美文,用质朴的语言,用自然山水作背景,勾画了一幅幅表现乡间人情的美画。画中的主角是普通的劳动者,画面的内容是他们在乡间生活的一个个细微的劳动镜头,这样的美如何欣赏?这样的情感如何体悟?这样的意义如何真正在学生的内心建构?想象画面是最有效的阅读策略,读文本,展开想象,再进行课堂言说,学生用自己的语言去表达他在阅读中积极建构的画面,其本质是在表达他带着已知走近文本,与文本对话后生成的意义,阅读能力的提升就是在意义的不断生成和发现中实现的。意义让学生的精神不断丰盈,劳动意义是促进学生精神丰盈的其中一项重要元素。如案例中教师让学生聚焦"赶路老人调搭石"这幅画面,学生联系生活经验想象画面,体会老人在摆搭石的时候认真细致、自然连贯的动作,再引导学生代入情境,通过换位思考,走进老人的内心世界,说说老人的想

法,在言说中发现老人的品质:心地善良,为他人着想。在刘章的文中,这是一位没有姓名的老人,这是他记忆中乡间生活里所有老人中的其中一位,他聚焦一位老人,去刻画了一组群体形象,表达了一种极美的乡村生活秩序,即在劳动中建立,为他人提供方便的生活秩序。

语文学习无须刻意,却总能在扎实的言语实践中生出最有深度的意义来。

案例二:巧设对比,学习表现劳动者的方法
——《他像一棵挺脱的树》教学片段

【案例背景】

《他像一棵挺脱的树》选自老舍先生的《骆驼祥子》,是统编教材小学语文五年级下册第五单元"人物描写一组"中的第二篇课文。本文在人物外貌描写上下足了功夫,通过对祥子的身材、体型、衣着、脸部等方面的描写,为我们展现了一个年轻、朝气、自信、积极、乐观的,具有典型劳动者特质的人物形象。看似多角度的人物外貌描写,其实都是"抓特征,放大写"——紧紧围绕着"挺脱"展开的,而"挺脱"也是祥子身上给予我们最深刻的印象。本单元是习作单元,旨在让学生通过本单元的学习,掌握描写人物的基本方法:能初步运用描写人物的基本方法,具体地表现一个人的特点。习作教学是语文教学中的重要组成部分,而祥子是当时底层劳动者的代表,我们能在习作中面向生活,撷取劳动元素,教给学生行之有效的描写人物的基本方法吗?我们来看一个习作教学课堂片段。

【教学片段】

师:生活中,我们见过不少各行各业的劳动者,你能说说对他们的印象吗?

(生交流。)

师:课文中的祥子是一名人力车夫,是最最普通的体力劳动者。课文中哪些语句在表现祥子"挺脱"的特点?默读课文,划出相关的句子。

生:(句子一)他的身量与筋肉都发展到年岁前边去了。二十来岁,他已经很大很高……

生:(句子二)看着那高等的车夫,他计划着怎样杀进他的腰去,好更显出他的铁扇面似的胸,与直硬的背;扭头看看自己的肩,多么宽,多么威严!

生:(句子三)杀好了腰,再穿上肥腿的白裤,裤脚用鸡肠子带儿系住,露出那对"出号"的大脚!

生:(句子四)头不很大,圆眼,肉鼻子,两条眉很短很粗,头上永远剃得发亮;腮上没有多余的肉,脖子可是几乎与头一边儿粗;脸上永远红扑扑的,特别亮的是颧骨与右耳之间一块不小的疤……

(师出示句子。)

师:仔细观察这些句子,你能发现这些句子之间的相同点和不同点吗?试着完成小表格并与同桌分享。

师出示表格:

句子内容	不同点	相同点
(句子一)		
(句子二)		
(句子三)		
(句子四)		

师:现在我是祥子,那么各位男同学请读句子一、四,女同学请认真观察我,并谈谈你的发现。

生:我发现在听句子一的时候,我观察到的是整个人,但是到了句子四,我就只关注到脸了。

生:我补充,听句子一的时候,我不需要仔细观察,只要看一眼就行了,但是到了句子四,我就要认认真真观察了。

师:对人物进行外貌描写,可以试着从整体到部分。

师:现在换一换,我不变,还是祥子,由女同学读句子二、三,男同学负责观察,然后分享下自己的发现。

生:我发现在听句子二的时候,我一直在观察上半身,而到了句子三,我就往下观察了。

师:对人物进行外貌描写,还可以试着从上往下。

师:同学们,其实不管是从整体到部分,还是从上到下,都是在提醒我们,在对人物的外貌进行描写前,一定要有观察;描写的过程中,一定要有顺序。

师:现在咱们再对比朗读句子四和下文,说一说你喜欢哪种表达?

出示比较的句子:

• 头不很大,圆眼,肉鼻子,两条眉很短很粗,头上永远剃得发亮;腮上没有多余的肉,脖子可是几乎与头一边儿粗;脸上永远红扑扑的,特别亮的是颧骨与右耳之间一块不小的疤……

• 头不很大,圆圆的眼睛像一颗黑珍珠,肉嘟嘟的鼻子,两条眉很短很粗,像两把弯刀,头上永远剃得发亮,像个大灯泡;腮上没有多余的肉,耳朵也不是很大,脖子可是几乎与头一边儿粗;脸上永远红扑扑的,像个大苹果,大大的嘴巴,总是微微翘起,看起来心情不错,特别亮的是颧骨与右耳之间一块不小的疤……

生:我喜欢原文,原文的描写,我能够很清楚地想到祥子的样子。

生:我喜欢原文,读了原文,我一下就想象到祥子脸上那个疤。

师:对人物的外貌描写,最忌讳面面俱到,只要抓住主要特征,将其写具体,就可以了。我们可以称这是:抓特点,写具体。请大家来填一填这张表格。

出示表格:

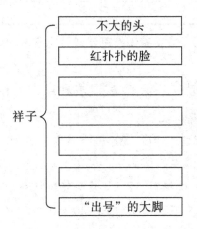

师:同学们,看表格我们会发现,填充在表格里的这些词语都是祥子的外貌描写,而这些外貌描写又体现了上课前我们学到的一个词语——挺脱。所以,我们又能学到一个小妙招——对人物进行外貌描写,可以试着围绕一个关键词展开。

【分析与反思】

以上片段,教师通过让学生找出表现祥子"挺脱"特点的句子,比较4个典型的句子,让学生了解到描写人物时可以按照一定的顺序来表现,可以把特点表达清楚。教师又让学生对比阅读两个句子,让学生懂得描写人物特点时要抓住一个主要特点,具体来写。最后通过表格的填写,让学生一目了然地知道,对人物进行外貌描写时可以围绕一个关键词来展开。分析这个片段,我们不难发现,教师先唤醒学生的生活经验,谈谈对体力劳动者的印象,再让学生顺着这个印象来找出相关的语句,总结描写劳动者外貌特点的方法,充分体现了执教者对劳动元素的关注。

1. 联系生活,唤醒对劳动者形象的认识

生活是学习的土壤,通过联系学生已有的生活经验,可以让学生很快进入角色,对号入座,因此在教学中,联系生活实际是必要的。片段中,教师首先联系了学生的生活经验,让他们回忆自己在生活中遇到过的各行各业的劳动者形象。通过引导,让他们逐渐清晰体力劳动者的外貌,在学生有真切的印象后,进一步引导学生关注文本中对祥子形象的描写。这样,日常生活中鲜活的劳动者形象和文本中人物的形象产生了联结,学生借助人物形象,获得了对底层劳动人民的深入理解。

2. 巧设对比,总结对劳动者描写的方法

片段中,教师善于提炼语文要素促进学生学习。这个单元的课文是要指导学生学习描写人物的基本方法,教师在每一个版块结束后都及时进行了总结提炼。教师巧用对比,通过让学生对比划出的句子,设置合理的情景,把自己当作祥子供学生观察,让学生懂得描写时并不是杂乱无章,想到什么就写什么的,而是有一定的顺序才能描写清楚。通过原文句子和其他句子的对比,让学生知道描写时应该做到抓重点写具体,而不是面面俱到。通过填写思维导图,使学生对抓住一个关键词来描写有了深入的体会。这样一步步总结提炼,学生对如何描写劳动者外貌的方法有了更清楚的了解,也能在后续的习作中运用这些描写方法试着去表现劳动者形象。

3. 拓展延伸,激发对劳动者情感的表达

劳动者是我们社会中的每一个人,这是一个庞大的群体,不同的劳动者有不同的艰辛。通过片段中的学习,一个年轻、朝气、自信、积极、乐观的车夫形象跃然纸上,但是祥子最后却落得一个悲惨的结局,教师在最后的拓展中也提到了和文本中一个截然不同的祥子。为什么会有如此巨大的反差?这会引导学生后续进一步阅读和思考,也可以激发学生对当时底层劳动人民悲惨遭遇的同情,同时,在今天与过去的劳动者的反差与比照中,理解和认同只有在社会主义的大环境里才可以实现双手创造幸福的朴素愿景。

第二节　文本空白续补中丰满劳动的全面认识

凡事留有余地是中国人的处世哲学、生活哲学,反映在艺术作品上就有"留白"一说。艺术留白,仿佛作者在邀请读者一起创作一个主题,读者受作者的邀请,与艺术作品和作者一起对话,往往会生出带着读者个人印迹的无限新意味来,也许这就是阅读的快乐体验。《文章讲话》(叶圣陶、夏丏尊)中有这样一段话:

文章是用文字记载事物、传达思想感情的,可是不幸得很,文字本身就是一种不完全的工具,无论记载事物或传达情意,文字的力量都是很有限的。作者的本领只是利用了这不完全的文字工具把要说的话说出一部分,其余让读者自己去补足想象。

当文本用空白的方式表现劳动情意,那么读者在留白处,就会主动去补足想象。读者的想象补足方式或口头交流,或书面表达,言说的主题应该与作者表达的主题大体一致,只不过在言说中会生出一些带有读者个性印迹的观点来。无论是哪种言说,说到哪种程度,必然都是基于教材的劳动意味的理解。所以,从这个意义上来讲,文本空白处的续补,是可以不断丰满学生的劳动认识的。

下面,我们通过几则案例来呈现我们的探究过程。

案例一:续补空白建构劳动意义
——《牛郎织女》教学片段

【案例背景】

《牛郎织女》这个民间故事,语言平实,想象丰富,情感美好。它以我国古代封建社会的农村生活为背景,歌颂了劳动人民对幸福生活的追求和对劳动、自由的热爱。这一鲜明的主题是通过一个主要人物——牛郎的活动来展示的。牛郎是一个善良、勤劳的农村青年,是一个典型的劳动人民形象。他热爱劳动,辛勤工作,饱受兄嫂的虐待。牛郎的这种生活命运是旧社会农村中千千万万劳动人民的普遍遭遇;他热爱老牛,百般照顾,吃睡都和老牛在一起,这又反映劳动人民对牲畜的深厚感情。而这种感情又是同人民对劳动的热爱分不开的。因此,劳动元素在《牛郎织女》这一民间故事中无处不在,甚至可以说是整个故事形成、流传的奥秘所在。

通过一课时的学习,学生了解故事内容,初步感受民间故事的独特表达方式。但语文教学,除了让学生"得言"以外,还应该让学生"得意",所以,撷取劳动元素,把文化内涵注入课堂教学中,带给儿童价值的内化和信念的认同,是上好《牛郎织女》这一课的关键。

【教学片段】

师:同学们,仔细默读课文第1~4自然段,在这个情节里,读到哪个地方你会情不自禁地联想翩翩,请你用横线画下来,再把你想到的具体内容说一说。

生:哥哥嫂子对待牛郎很不好,他们让牛郎穿破衣裳,吃剩菜剩饭,还让牛郎睡在牛棚里。我想除了这些,哥哥嫂子或许还会稍有不顺心的事,就对牛郎又打又骂。牛郎真可怜啊!

师:是啊,这哥嫂真是太狠心了。

生:牛郎照顾老牛的情节也可以加入我们的想象。春天,牛郎牵着老牛去花丛中玩耍;夏天,牛郎和老牛在溪水中玩闹;秋天,牛郎和老牛在草地里看着大雁往南飞;冬天,牛郎和老牛睡在铺着厚厚的稻草的牛棚里,可惬意了!

师:牛郎对老牛的照顾真是无微不至啊。

生:他把自己听见的、看见的所有事情都告诉老牛。牛郎会和老牛说什么事情呢?我觉得这个地方作者留给了我们很大的空白,我们可以有很多自己的想象。

师:你是个很有想法的孩子。

课件出示:他常常把看见的、听见的事告诉老牛,有时候跟它商量一些事。

师:同学们,那就让我们展开想象,猜猜牛郎会把哪些看见的事和老牛说呢?

生:牛郎看见田里的庄稼又长高了一大截,就欢天喜地地把这个好消息告诉老牛。

师:高兴的事情当然得和好朋友分享。

生:牛郎还会告诉老牛树上的鸟窝里孵出了好几只小鸟,可爱极了。

师:让我们再展开想象,猜猜牛郎会把哪些听见的事和老牛说呢?

生:牛郎听到哥哥嫂子在偷偷商量着和他分家的事情,他会把这件事和老牛说。

师:是啊,伤心的事情告诉老牛或许就没那么伤心了。让我们大胆想象,猜猜牛郎会把哪些需要商量的事和老牛说呢?

生:牛郎会和老牛商量今年多种一些土豆,因为土豆能卖个好价钱。

生:老牛啊,哥哥嫂子说要和我分家,只把你和一辆破车给我,你愿意和我一起走吗?

师:孩子们,让我们一起合作着来讲讲这个故事——他常常把看见的、听见的事告诉老牛,有时候跟它商量一些事。

课件出示:早上,牛郎(怎么做,怎么说)(说看见的事)

生:早上,牛郎笑嘻嘻地告诉老牛:"老牛,隔壁家的母牛生了好几只小牛,每一只都很可爱呢!"

课件出示:中午,牛郎(怎么做,怎么说)(说听见的事)

生:中午,牛郎愁眉苦脸地对老牛说:"老牛啊,我只是多吃了一口菜,嫂子就对我破口大骂。哥哥却在一边一声不吭。要不是有你,这个家我真是不想待下去了。"

课件出示:晚上,牛郎(怎么做,怎么说)(说商量的事)

生:晚上,牛郎认真地和老牛商量:"老牛,今年的土豆收成可好了,明年我们是不是再多种一些呢?"

师:这样一想象,这样一创造,你发现了什么?

生:我发现牛郎与老牛时时刻刻都在一起,他们真是亲密无间。

生:我觉得老牛已经不再是一个动物,而更像是一个人,是牛郎的好朋友。

师:是啊,老牛不仅是牛郎的朋友,更是农耕社会里,许多农民最忠实的朋友和伙伴。(课件出示资料)所以,一代又一代的农民在地头讲这个故事的时候,一定会对老牛怀着无限的深情。让我们一起带着这份深情,读——

(生读第 4 自然段)

师:同学们,这样一个只有一头牛、一辆破车的穷小子,一个普普通通的农民,最后却娶了天上最美丽的,手最巧的仙女,故事这样的安排藏着劳动人民怎样的情感呢?

生:牛郎虽然是一个普通的农民,但他的身上有许多宝贵的品质,比如他吃苦耐劳,心地善良,所以他才能得到老牛的帮助,遇见美丽的织女,过上男耕女织的幸福生活。

生:民间故事是老百姓口耳相传的故事,蕴藏了老百姓对美好生活的向往之情。故事里的牛郎是千千万万劳动人民的象征,他们希望自己的劳动能换来美好的未来。

师:是的,勤劳就能创造幸福的生活,这是每一个劳动人民的殷切期盼啊。民间故事正是因为藏着这份美好的情感和愿望,才一直广为流传。

【分析与反思】

以上片段教师带领学生抓住故事中的情节空白点,展开想象,进行创造性复述,引导学生完成了从内容理解到意义建构的过程。老师把"复述"训练安排在与生活相关联的事件中,让复述有了生活的意义,使复述不再只是语文学习的任务,而是一种潜移默化的情感体验和价值引领。

1. 复述中实现价值引领,涵育劳动意识

《义务教育语文课程标准》(2011年版)提出:"语文课程还应通过优秀文化的熏陶感染,促进学生和谐发展,使他们提高思想道德修养和审美情趣,逐步形成良好的个性和健全的人格。"民间故事语言浅显易懂,《牛郎织女》的故事大家更是耳熟能详,教师无须按部就班地根据文本结构来组织教学,而应该从学生已有的阅读经验出发,以富有启发价值的话题搭建课堂框架,形成清晰的教学板块,充分调动审美主体的积极性,引领儿童价值观的生成。上述片段中教师从学生的现实起点出发,紧扣文本,联结学生的生活经验,让学生谈一谈"牛郎会怎么照顾老牛""牛郎会把哪些看到的、听到的事情告诉老牛"。在师生交流中,学生深深地被这个勤劳、善良、诚恳的小伙所吸引,感动于他对老牛无微不至的照顾,感动于他与老牛之间的深情厚谊。学生渐渐明白,原来,一颗善良的心灵,一双勤劳的双手,足以让原本并不富有的生活变得惬意而美好。

2. 想象中完成"意象"解读,深耕劳动文化

按照马克思主义美学观点,劳动创造了美,劳动是美的本原。耕牛是农

家之宝,在中国几千年的农耕社会中,它一直默默地为人类耕耘,从不索取回报。在牛郎织女传说中,当牛郎备受嫂嫂虐待,吃不好,穿不暖,还得干重活,睡牛棚时,老牛总是用温和的眼神看着他。有时候,老牛伸出舌头舔舔牛郎的手。有时候,见牛郎生气了,老牛就对着他摇摇头,劝他不要生气。牛郎心里想什么,还没说出来,老牛就好像已经领会了他的意思,有时候点头,有时候摇头,有时候咧开嘴笑嘻嘻的。在关键的时候,老牛还能讲话,老牛还能未雨绸缪,在垂死之际,告诉牛郎要把它的皮保留好,碰上什么急事,就披上它……故事中的老牛,不仅展现了人们的奇特想象力,更是昭示了中国底层劳动人民的美好愿望:当人们身处困境之时,自家的耕牛能施展无边的法力,帮助人们从容摆脱困境。

3. 对话中促进深度体验,滋养劳动情感

文化除了表现在口语形态和文字形态的文学中,还深深地根植于每一个个体的心底,并首先在心底笼上一层本民族的情感色彩。这是一个人的生命底色,一种民族形态的文化精神。李吉林老师说过:"教师的激情和想象常常使儿童的思维罩上情感的色彩,情感又驱动着儿童的思维迸发出灿烂的火花。"以情激情,以情启智正是我们所要关注的教学策略,所要追求的美好境界。教学作为一种文化活动,其终极目的就是以教师的满怀激情引导学生探寻、体验和理解蕴含在教材中的真、善、美等方面的人性光辉,激活、唤醒和培育学生的情感和价值观。上述案例中,教师切入的话题非常巧妙:"一个普通农民为什么可以娶到仙女?"真可谓"一石激起千层浪",学生围绕探究话题展开了热烈的讨论,情感的涟漪在课堂上荡漾。在分析、感受牛郎这一人物形象的阅读中,学生发现了故事主人公身上的真、善、美的特点,学生深刻体会到劳动的可贵,从而在他们心中种下勤劳致富,劳动创造美好生活的种子。

《牛郎织女》的背后是五千年农耕文明的支撑,是劳动创造美好生活的文化自信。教学中,教师从劳动的视角,创造了富有美感和文化的课堂情境,教学有广度、深度和力度。联系生活,激发学生和文本对话的层层推进,课堂的情感、思维一再掀起波澜。这样的语文课堂,是充盈着探究精神和文化深度的。

语文课程本来就包含了丰富的劳动元素,陶冶健康的情趣、情调、情怀和情操,领略文化的丰厚博大,培育爱劳动、会劳动、懂劳动的时代新人是其

应有之义。让语文教学站立在广阔的文化背景下,以适合的劳动元素作为语文课程内容的组成部分,学生一定会在丰富的母语文化的传承、感染和建构中提升语文素养,树立正确的劳动观念,培植优秀的劳动精神,从而获得全面健康的发展。

案例二:课堂对话补白,遇见劳动的美好
——《青蛙卖泥塘》教学片段

【案例背景】

《青蛙卖泥塘》是人教版二年级下册第七单元的一篇童话故事。本单元4篇课文都是童话故事,且都指向一个主题——"改变"。因为不断改变,一切才越来越美好。青蛙为了把烂泥塘卖掉搬到城里去住,听从了老牛、野鸭等动物的建议,一次又一次通过自己的劳动改善泥塘的环境,原本的烂泥塘渐渐变成了有花有草、鸟飞蝶舞的好地方,最后青蛙不再卖泥塘了,决定留下来自己住。故事采用了近乎相同的结构,以"青蛙为了卖泥塘而改变泥塘所付出的劳动"贯穿全文,为学生呈现了一只热爱生活、不断努力的青蛙,它用自己勤劳的双手创造了美好的环境和生活。"劳动最光荣、劳动最崇高、劳动最伟大、劳动最美丽",这绝不是简单的口号,学校的劳动教育可以学科课程为载体实现落地。笔者认为通过这样富有童趣的课文,树立儿童正确的劳动观,是真正贴近他们的经验世界、想象世界、情感世界的。以下教学片段中,教师紧扣"青蛙每一次吆喝与泥塘变化的紧密关系",学生很容易就读懂了青蛙改造泥塘对应着青蛙内心想法的改变,从而感受"劳动创造美好"这一真理。

【教学片段】

师:青蛙张大嘴巴在大喊,可以用课文中的哪个词语来形容?

生:吆喝。

师:"吆喝"就是像青蛙这样大声地、响亮地叫喊。大家有没有发现这个词语中有个字的读音有点儿特别,跟我们常读的音不一样?

生:"喝"字,它是一个多音字。

生:"喝"在"吆喝"这个词语中读轻声。

师：你还知道它另外的读音吗？

生：喝水、喝茶。

师："喝水、喝茶"中的"喝"读第一声。还有别的读音吗？

生：在"喝彩"这个词语中，它读第四声。

师：是的，这个字读第四声或轻声时表示大声说话的意思，可以组词——

生：喝彩、吆喝。

师：读第一声时表示嘴的一个动作，可以组词——

生：喝水、喝茶。

师：你们见过别人吆喝吗？生活中谁会吆喝？怎样吆喝？

生：卖菜的婆婆，她会这样吆喝：卖菜咯，卖菜咯！

生：卖西瓜的人，他会这样吆喝：卖西瓜咯，我的西瓜又大又甜，不甜不要钱！

师：我们帮青蛙来吆喝一下——卖泥塘喽，卖泥塘！（手放在嘴边，做喇叭状）

（学生模仿教师的动作，表演吆喝。）

师：青蛙一共吆喝了几次？

生：4次。

师：青蛙每一次吆喝都与泥塘的变化有着紧密联系，（板书：吆喝　泥塘变化）我们先看第一次，请大家自由朗读第3~5自然段，看看泥塘的变化以及变化是怎么来的。

（学生朗读第3~5自然段。）

师：谁来说说泥塘的变化？

生：第一次吆喝之后，青蛙在泥塘周围种上了草。（教师板书：第一次种了草）

生：泥塘周围长出绿茵茵的小草，很漂亮。

师：你联系了下文，让我们更清楚地看到了泥塘的变化。谁来说说变化是怎么来的？

生：青蛙第一次吆喝，引来了老牛，老牛说要是周围有些草就更好了。青蛙就采集草籽，播撒在泥塘周围，于是泥塘就有了变化。

师：原来，第一次吆喝后泥塘的变化是这样来的啊。现在请同学们一起读读课文的第6~8自然段，看看青蛙第二次吆喝后泥塘的变化。

（学生齐读并思考。）

生：青蛙的第二次吆喝引来了野鸭，野鸭说泥塘里的水太少了。青蛙就往泥塘里引水。（教师板书：第二次　引了水）

师：我们一起来读读课文第8自然段写青蛙引水的句子。

生：于是他跑到周围的山里找到泉水，又砍了些竹子，把竹子破开，一根一根接起来，把水引到泥塘里来。

师：谁能找出这句话中的动词？

生：跑、找、砍、破、接、引。

师：可以看出青蛙引水是怎样的？

生：很认真，很辛苦，非常不容易。

师：烂泥塘变得有草、有水了。请3个同学上来演一演青蛙与老牛、野鸭的对话。

（学生表演。）

师：第三次吆喝后，青蛙听了小动物们的建议，他又做了哪些事情，泥塘变成什么样了？请同学们快速浏览课文，自己连起来说一说。

生：青蛙听了小动物们的建议，他栽了树，种了花，修了路，盖了房子。
（教师板书：第三次　栽了树，种了花，修了路，盖了房子）

师：在青蛙的辛勤努力下，泥塘变得越来越美。

【分析与反思】

低年级的阅读教学中，识记生字、流畅朗读、学习阅读、积累语言等，都是重要的学习内容。教师在教学设计时，从整体着手，系统思考，引导学生在掌握知识技能的同时，让课堂简约而又富有张力。"在识字中阅读，在阅读中识字"，识字促进阅读理解，阅读理解又帮助生字识记巩固。教学时，教师紧扣"吆喝"这一词汇，教学环节围绕这个词层层展开。以"什么是吆喝"为切入口，学习"吆、喝"这两个生字，在这个过程中，辨析"喝"这个多音字的不同意义。词汇积累又与学习阅读相融合。仍然是围绕"吆喝"，通过让学生表演吆喝，朗读课文明确青蛙吆喝了几次，细读课文找出青蛙的吆喝与泥塘变化的联系等方式，提升学生的思维能力，在多重的学习任务中，引领学生关注生活，围绕"吆喝"，联系生活认识劳动现象。

低年级阅读课堂中"一问一答"的碎片化教学方式仍然占大比例。学生在教师细碎的问题里亦步亦趋，学习时间紧促、提升空间狭隘。采用问题化教学,可以把"学"的责任和任务都移交回学生,让"学"真实地在课堂中发生。课堂上,教师从文章结构脉络入手,抓关键句设计主问题。通过每一次阅读,寻找每一次青蛙的吆喝与泥塘的变化,在变化中积极展开想象,主动发现和理解青蛙用自己的辛勤劳动让泥塘越变越美的深刻内涵。

阅读教学无法靠学生个体的自主阅读达成,也不是靠老师一厢情愿的授予就可以实现的。教师应该对学习活动进行科学设计,这样才能帮助学生循序渐进地积累阅读经验,掌握阅读方法,发展阅读能力。在本课教学中,执教者组织学生表演人物对话,学生积极主动地参与学习过程,这样有趣的实践活动既能让学生学习的主体地位得以确立和保证,又能通过表演补白,让他们完成从文字到内心,不断走进人物形象的过程。学生和文本在情境中产生共鸣,学生有了切身的体验,对文本内容的理解自然就会深入,也更容易在对话中构建自己的情感体系,深度感悟到劳动创造美的真谛。

案例三:情感交流补白,树立正确的劳动观念
——《妈妈睡了》教学片段

【案例背景】

二年级上册第7课《妈妈睡了》讲述了妈妈在哄孩子午睡的时候,自己先睡着了,看着熟睡中的妈妈,孩子觉得她很美丽,很温柔,同时也感受到了妈妈的辛苦与劳累。通过孩子观察熟睡中的妈妈的举动,我们感受到了他对妈妈满满的爱;而通过孩子观察时的想象,我们也体会到了妈妈对孩子深深的爱。本文第1自然段描写了妈妈哄孩子午睡的场景,第2~4自然段详细描写了睡梦中妈妈的样子,用3个并列式的段落描写了妈妈的美丽、温柔和辛劳。

特别是第4自然段,融入了劳动元素,通过对"呼吸""汗珠"的描写,突出了"劳动使妈妈劳累"。而"小鸟""风儿"等场景描写,既表现妈妈因为"干了好多活儿,累了",又因为孩子的一句"她真该好好睡一觉",让读者感悟到孩子对"劳动"的认识,体会到现实生活中无微不至的亲情,学会感恩,懂得回报。

【教学片段】

师:课文写妈妈睡了,睡梦中的妈妈究竟是什么样子的呢? 请用横线画出来。

生:睡梦中的妈妈好累。

师:同学们,睡梦中的妈妈好累,你是通过哪些字词知道的? 请大家把目光聚焦到第4自然段,读一读吧。

生:老师,我读懂了睡梦中的妈妈很累。我是从"妈妈的呼吸那么深沉,又那么均匀。"看出来的,说明妈妈睡得特别香。这是因为她特别累。

生:老师,我不明白"深沉"是什么意思?

生:(马上回答)"深沉"就是睡得特别香。就像这样(表演)。

师:××同学通过表演,让我们知道了睡梦中的妈妈"呼吸很深沉"。

生:我还不懂"均匀"是什么意思?

师:你不懂呼吸均匀是什么意思是吗? 那呼吸不均匀是什么意思,我们一起来做做。

(生表演"呼吸不均匀"。)

师:那呼吸均匀呢?

(生再表演"呼吸均匀"。)

师:对了,这就是"呼吸均匀"。你们看,妈妈睡得多香啊! 还有哪儿?

生:我从"妈妈干了好多活"可以知道妈妈很累,妈妈干完这个,还要干那个。

师:(圈出"好多活")根据你们的观察,妈妈都可能干了哪些活?

(生自由回答:买菜烧饭、洗衣拖地、打扫卫生……)

师:是啊,妈妈每天要完成这么多的劳动,妈妈多累呀!!

生:老师,我从这里也能看出妈妈很累,"窗外,小鸟儿在唱着歌,风在树叶间散步,发出沙沙的响声,可是妈妈全听不到。"这么多的响声,妈妈一点儿也听不见,说明她太累了。

师:妈妈这么累,我们都想让妈妈好好睡一觉,那么这时候我们应该怎样读这段呢? 谁来试试?

(生读课文。)

师:这么大声会把妈妈吵醒的,小点儿声。

师:亲爱的孩子们,妈妈为了家庭,为了我们,日复一日、年复一年地做

着家务劳动,可她却无怨无悔,多么值得我们去爱呀!就让我们带着深深的爱再来读读第4自然段吧!(学生齐读)

师:如果你爱妈妈,想让妈妈轻松一点,今天放学回家后,你会做些什么呢?

生:我会自己整理自己的房间。

生:我会帮妈妈洗碗,吃饭前拿碗筷。

生:我会提醒爸爸拖地。

…………

师:通过你们的回答,通过你们即将开展的行动,老师感受到了你们对妈妈满满的爱。老师要为你们点赞。

【分析与反思】

《妈妈睡了》这篇课文内容比较浅显,且文本内容贴近学生的生活,对于学生来说理解不会有太大问题。课文只分3部分:睡梦中的妈妈真美丽,好慈祥,好累。以上片段,就是围绕第三部分"睡梦中的妈妈好累"展开的。

1. 抓住关键词语补白理解劳动的辛苦

劳动是辛苦的,所以"睡梦中的妈妈好累"。教师让学生走进文本,与学生围绕"睡梦中的妈妈好累,你是通过哪些字词知道的?"展开课堂对话,学生在教师引导下不但积累了语词,也在理解中生发出心疼妈妈的情感。那么妈妈都干了哪些活呢?学生基于自己的生活经验,在课堂上言说、交流、碰撞,妈妈的辛苦再一次被认同,学生的内心或许会被触动。但是还不够,因为在生活中我们曾经发现好多学生以为妈妈的付出是理所当然,如果我们能在课堂上,让学生模拟角色,试着问问妈妈:为什么要那么辛苦,猜猜妈妈会说些什么?让学生在角色替代中,去走近妈妈,去理解妈妈对家的责任与付出。如此,辛苦的劳动才会生出正确的价值来。劳动很辛苦,从小处讲,我们得用劳动为家担起责任;从大处讲,我们得用劳动为国担起重任。如此,劳动的辛苦也就有了积极的价值。

2. 引导行动补白指向实践的劳动

教师组织学生反复走进文本,学生理解"劳动让妈妈好累"后,教师适时地抛出了一个问题:我们爱妈妈,想让妈妈轻松一点,今天放学回家后,你会做些什么呢?这个时候,学生的思维非常活跃,为了表达自己对妈妈的爱,他们想出了各种各样的办法,如"我会自己整理自己的房间""我会帮妈妈洗碗,吃饭前拿碗筷。"学生在言说的同时,他们的心里也开始树立正确的劳动价值观:为爱付出,为家担起责任。于是,也有同学想到了让爸爸一起帮忙,提醒爸爸拖地……

言说的只是意识和观念,观念要转化为习惯,还得靠行动跟进。我们还可以布置实践作业,让学生回家做一件让妈妈开心的事,再通过家校互动建立互评机制,通过让学生画画自己的劳动场景,说说自己的劳动荣耀,强化学生的观念:劳动很辛苦,但是为爱和责任付出的劳动是最有意义的。这样在语言中生出的劳动意识,才会真正植入学生的生命里。

第三节　民间故事复述中理解劳动的传统意义

民间故事的创作土壤在民间,它是劳动人民在生活与劳作过程中集聚集体智慧而创作的文学作品。所以民间故事里蕴含了丰富的劳动元素。这些元素首先以情节曲折的故事内容呈现。比如,民间故事的不少范本呈现如下创作思路:朴实善良的劳动者,在生活中遭遇各种不幸,但他不退缩,不躲避,依然向困难作斗争,终于得到了某种神奇力量的帮助,战胜了困难,过上了幸福的生活。表达了劳动人民的朴素愿望:希望能通过自己的双手,创造属于自己的幸福生活。这样的故事范本,传递着最质朴的劳动价值观和劳动意义。所以,我们在众多的民间故事中,可以看到许多勤劳善良的人物形象,他们通过辛勤的劳动,不仅创造了美好的生活,也赢得了他人的尊重和赞誉。比如《田螺姑娘》《一幅壮锦》等。这些故事不仅让人感受到劳动的力量,也让人明白只有通过劳动,才能过上幸福生活的朴素真理。

故事的语文学科价值实现以复述为主要途径,究其原因有三:第一,民间故事传承以"口耳相授"为主要形式,人们就是在我说给你听,你说给他听的过程中,完成故事的流传。第二,人们通过口耳相授将故事传播开来,故事里隐藏着的劳动价值与劳动意义,也随着故事内容的传播而代代传承。第三,语言学习要经历丰富的语言实践,故事的复述为学生提供了充分的语言实践机会。我们在语文教学融合劳动教育的探究过程中,旗帜鲜明地提出复述这一策略。因为复述可以实现语文与劳动的真正融合,复述是言说的过程,可促进学生的语言发展;复述可强化言说的意义,促进学生对劳动意义的理解。

当然，站在跨学科任务群实施的层面，我们还可以引领学生关注民间故事中经常涉及的一些劳动技能和劳动场景。比如，有的故事描述了农民们如何辛勤耕耘，种植庄稼；有的故事则讲述了工匠们如何巧手制作各种精美的工艺品。从跨学科的视野打开一个劳动的多元世界，既能感受劳动者的辛勤付出，也可领略劳动带来的美好成果。

总的来说，民间故事中的劳动元素是丰富多彩的，它们不仅丰富了故事的内容，也传递了劳动的价值和意义。通过这些故事，我们可以更好地理解和尊重劳动，也可以从中汲取到积极的生活态度和精神力量。

下面，我们通过几则案例去具体呈现语文融合劳动教育在民间故事里的探索。

案例一：遵循文体特色，挖掘民间故事的劳动元素
——《猎人海力布》教学片段

【案例背景】

民间故事表达了劳动人民对美好生活、美好未来的向往，体现了劳动人民艰苦朴素、踏实勤奋的劳动精神。民间故事的教学应"以文为本"，以"教材"为引，教给学生阅读民间故事的方法，激发学生的阅读兴趣。通过扎实高效的言语训练，让学生在阅读中了解民间故事的文本特点，感受民间故事中劳动的魅力。我们尝试在民间故事教学中挖掘劳动元素，让学生切实感受故事中的劳动魅力与劳动精神。下面，来看《猎人海力布》的一节课堂教学片段。

【教学片段】

师：上课前，先来玩个游戏，看图猜故事。（出示民间故事图片）

（师播放课件，学生猜民间故事。）

生：《白蛇传》《孟姜女哭长城》《梁山伯与祝英台》《牛郎织女》。

师：这些都是民间故事。今天，我们就要来读一读中外经典的民间故事。

师：本单元的主题是？

生：民间故事，口耳相传的经典，老百姓智慧的结晶。

师：（出示单元篇章页）你了解民间故事吗？

生:民间故事是老百姓一个一个口头流传下来的故事。

师:是的,民间故事是老百姓一代代口耳相传的口头文学作品,是老百姓智慧的结晶。你们喜欢民间故事吗? 为什么?

生:我喜欢民间故事,因为民间故事的想象很神奇。

生:民间故事表达了人们的美好愿望。

生:民间故事的情节一波三折,特别好看。

师:是啊,民间故事表达了劳动人民对美好生活、美好未来的向往,体现了劳动人民艰苦朴素、踏实勤奋的劳动精神。这是它一直能流传下来的最主要原因。接下来,就让我们一起来读一读这个经典的民间故事。

【分析与反思】

以上片段教师由四大民间故事导入,带领学生明确本单元的主题"民间故事,口耳相传的经典,老百姓智慧的结晶。"课堂中,首先让学生用自己的话概括什么是民间故事,从而了解民间故事的特点是什么;再请学生交流喜欢民间故事的原因,进一步激发学生阅读民间故事的兴趣;最后点明民间故事之所以能够流传下来,关键在于它体现了劳动人民对美好生活的向往以及对艰苦朴素劳动精神的赞美。通过这个片段的导入,学生在掌握民间故事的特点之余,也产生了对民间故事中最为关键的劳动元素的关注。

有人的地方就有劳动,劳动是人们生活的主要内容,是人们生存的关键事件,也是生命发展的关键能力。民间故事大多在劳动中生成,故事情节反映的是劳动情境和劳动遭遇,故事主题折射了人们对劳动意义的理解,故事人物往往遵守着劳动人民对"英雄""偶像"的共同规约。所以,虽然民间故事情节不一样,人物的身份不一样,但是对"劳动"和"劳动的人"的理解无论哪个民族都大致相似,都共同用民间故事诠释一个社会认同:用双手去创造幸福生活,用爱去呵护生活美满。如《猎人海力布》的故事中,善良的海力布因救助小蛇而得到回报,最终救助了全村的人,不仅告诫了人们要热爱劳动,同时也是对于勤劳善良民众的赞美和歌颂。在上课伊始,明确与强调导入部分的劳动元素,是推动学生在之后的学习中理解与传承民间故事中劳动品质的关键。

《义务教育语文课程标准》(2022 年版)中指出:语文课程的总体目标首先是在语文学习过程中,要培养爱国主义情感、社会主义道德品质,逐步形成积极的人生态度和正确的价值观。这与劳动教育培养人的劳动精神面貌和劳动价值取向的主要目标有契合之处。语文学科教育的渗透性，使得劳动教育与语文教育的结合具备了新的意义。如何在语文教学中帮助学生树立正确的劳动观呢？案例中教师从导入部分入手，展开充分的课堂对话，让学生明白劳动带来了人类社会的发展、推动了人类文明的进步，对人们的生产和生活产生了重要影响，因此劳动这一主题一直备受人们推崇。民间文学作为一种口头文学，是广大人民长期社会劳动的产物。像许多优秀的创作一样，民间故事作为民间文学的重要组成部分，从生活本身出发，但又不局限于现实生活，经过劳动人民一次又一次的流传，饱含劳动智慧，是中国传统文化中不可或缺的一部分。它之所以有着经久不衰的艺术生命力，被人们广为流传，除了想象丰富、一波三折的特点外，更重要的是在于故事内容表达了劳动人民美好的愿望，具有深刻的人民性和社会性。学生可以发现，劳动是人类发展和社会进步的重要力量。民间故事主题中对于劳动的肯定，所蕴含的文化内涵与劳动元素，是学生应关注、理解与传承的。

从课堂生成来看，单从导入部分融入劳动元素，还远远不足以激发学生对民间故事中劳动元素的关注。笔者认为，我们还需要在语文教材中充分挖掘相关劳动资源，在语言运用中融合劳动精神，在拓展运用中展开劳动实践，才能真正促进劳动教育在语文学科教学中的有机渗透。

案例二：在复述中理解民间故事里的劳动向往
——《牛郎织女》教学片段

【案例背景】

《牛郎织女》是我国四大民间故事之一，本文是牛郎织女故事的前半部分，这部分以牛郎的成长过程为主线展开叙述。开始，叙述了牛郎小时候的贫苦生活，他细心照料老牛，与老牛结下深厚的感情。接着，写牛郎长大成人后，被赶出家门，和老牛相依为命。最后，讲述他在老牛的帮助下与天宫的织女相见，互诉衷肠，结成夫妻。在牛郎与织女互相倾诉时，插叙了织女和众仙女在天宫没有自由的生活及下凡的经过，为故事的后续发展埋下伏笔。

通过这篇课文，学生可以理解"男耕女织"是古代劳动人民向往的幸福生活的具体样态，可以借助走近善良、纯朴的劳动人民的故事遭遇，理解自由、安乐、幸福是人类追求美好生活的永恒主题,同时也初步理解"勤劳善良"一直是中华民族在劳动中坚守的品质,是中华民族赓续传承的优良血脉。

【教学片段】

师:仔细默读课文第 1~4 自然段,在这个情节里,读到哪个地方你会情不自禁地浮想联翩,请你用横线划下来,再把你想到的具体内容说一说。

生:我读到牛郎照顾老牛这个地方想到了很多。

师:你想到了哪些呢?

生:牛郎每天给老牛准备很多好吃的。

生:我读到牛郎向老牛倾诉这个地方想到了很多。

课件出示:

他常常把看见的、听见的事告诉老牛,有时候跟它商量一些事。

师:同学们,让我们展开想象,猜猜牛郎会把哪些看见的事和老牛说呢?

(生自由表达。)

师:让我们再展开想象,猜猜牛郎会把哪些听见的事和老牛说呢?

(生自由表达。)

师:让我们大胆想象,猜猜牛郎会把哪些需要商量的事和老牛说呢?

(生自由表达。)

(师生合作讲故事。)

师:他常常把看见的、听见的事告诉老牛,有时候跟它商量一些事。

生:早上,牛郎一早起,就抓一把干草,送到老牛的嘴边,抚着老牛的角,亲切地说:"早上好,朋友!春天到了,我看见燕子飞回来了,村头的柳树也抽芽了。春耕又要开始了。今天我们得去开垦山坡的那片荒地。那片地一直杂草丛生,荒着太可惜了。"

生:中午,在地头劳累了半天,牛郎带着老牛来到了树荫下,牛郎依在树下,老牛低着头在树下安静地吃草,牛郎看着老牛说:"朋友,一上午下来,累了吧!中午好好休息一下。上午嫂嫂来到田边,对着我们开垦的荒地冷嘲热讽,不要放在心里,我们只要努力耕作一定可以把荒地变得肥沃起来的。"

生:晚上,牛郎牵着老牛,走在乡间的小道上,看着远远的村落,村落上面袅袅升起的炊烟,牛郎叹了口气说:"昨天,村头的奶奶来给我说媒,可有谁能看得上我呢,我们家里什么也没有。要是家里有个女主人,那么我们俩回家就有热饭吃啦!"

　　　…………

师:这样一想象,这样一创造,你发现了什么?

生:牛郎与老牛亲密无间。老牛就是牛郎的朋友。

师:老牛不仅是牛郎的朋友,更是农耕社会里许多农民最忠实的朋友和伙伴。所以,一代又一代的农人在地头讲这个故事的时候,一定会对老牛怀着无限的深情。

师:刚才我们是怎么添加细节,把情节说具体的?

生:读故事;发现可以添加细节的内容;展开想象;创造性复述。

【分析与反思】

1. 在创讲故事中感受农耕社会的文化

民间故事是民间文学中重要的一类,它是劳动人民创作并传播的、具有虚构内容的散文形式的口头文学作品。故事中牛郎是一个诚实、善良、勤劳的人,他身上的特点正反映出劳动人民身上的特性:诚实、吃苦耐劳。课堂上教师抓住故事空白,引导学生展开创造性复述:牛郎会把哪些看见的、听见的事告诉老牛,又有哪些事跟老牛商量? 学生展开想象自由说。接着教师与学生合作说一说,感受牛郎与老牛的亲密无间,从而体会到老牛就是牛郎的朋友。由此引出老牛在农耕社会中的形象——农民的忠实朋友和伙伴。在那个社会中,农家没有什么高级的生产工具,多数劳作都是面朝黄土背朝天的模式,而牛能够犁地、拉车,是少有的能够替代人力的好帮手,因此在当时牛和养牛户都是邻里羡慕的对象。学生通过想象画面,体悟到老牛的形象,感受古代"以农为本"的传统思想。为创造性复述提供了支架,使得学生对复述充满兴趣。

"牛本善、性温讷,行任重、志笃远。"在传统文化中,牛是吃苦耐劳、无私奉献的象征,有五谷丰登、平安祥和的寓意,代表着自强不息、顽强拼搏的精神。现在的学生几乎都吃过牛肉,但见过牛的很少,对于它的品质更是知道得少之又少。该案例中教师引导学生在创讲故事中感受老牛的形象,让学生了解到牛原来是千千万万劳动人民最忠实的伙伴,也是最重要的伙伴,这是劳动文化在学生心中的根植。

2. 在创编故事中理解劳动人民的情感

学生的阅读一定是个性化的,教师四两拨千斤的引导能让学生的阅读变得更有深度。课堂中教师让学生展开想象自由创编故事。学生的讲述精彩纷呈,想象力十分丰富。学生在复述中学会思考,体会情感。了解故事中塑造的一个勤劳温和的牛郎形象,理解勤劳是农民的一种标志,勤劳也是致富的一种标志;劳动最光荣,劳动创造美好生活,是每一位劳动人民最淳朴的想法。

美丽善良的仙女能嫁给普通的牛郎,是牛郎勤劳善良的品质吸引了她。如果牛郎和哥嫂分家后不积极进取,不细心照顾老牛,不勤劳能干……那么他肯定不会遇到织女,也不会过上幸福的生活,这一切都源于"勤劳"。这也为后面学习牛郎与织女之间的故事做了很好的铺垫。

劳动是一切幸福的源泉,它能创造人类的幸福生活。巴尔扎克曾说过:"生活的花朵只有付出了劳动才会绽开。"幸福生活不是天上掉下来的,也不是凭空出现的,而是靠我们的双手一点一滴勤劳地打拼、奋斗出来的,这就是劳动的意义所在。如果每位学生能在复述中理解到这一点,那学习、生活上将会多一份积极进取,面对困难时将多一份吃苦耐劳。因而,教师在课堂上的最后引领,对学生来说意义非凡。

案例三:创新民间故事,渗透劳动精神
——《猎人海力布》教学片段

【案例背景】

民间故事的主角大多是质朴善良的人们,他们过着简单的劳动生活,创作者用故事的形式表达他们的内心追求和向往,也通过故事传递着劳动人民共同遵守的一个社会约定:勤劳改变生活。《猎人海力布》是统编版五年级上册第三单元的精读课文,本单元中的人物都是典型的劳动人民,有着勤劳朴实、勇敢善良的劳动品质。这些劳动品质隐藏于精彩的故事情节之中,无须说教,让儿童亲近故事,言说故事,在言语实践中就可以实现劳动意义的深度建构,且这样的建构是自然的、生态的、真实的、有深度的,能成为学生生命底色的,能植入学生身心成长的 DNA 中。结合本单元的语文要素:创造性地复述故事,我们尝试在民间故事的教学中请学生展开合理想象,用加入心理、补充言行、添加情节、转化人称、续编故事等方式,让学生感受劳动元素,体会劳动精神。下面,来看《猎人海力布》的一个课堂教学片段。

【教学片段】

师:如此精彩的故事,可不能让它只留在课本里,我们要做好民间故事的传播者,把故事继续流传下去。哪些地方可以"添油加醋"来讲?

生:海力布劝说乡亲们搬家的场景。

(出示学习任务三:默读8、9自然段,思考语段是如何体现海力布的品质的?边读边画出能打动你的相关词语或语句,在旁边做批注。)

师:有没有哪个词或句子特别打动你?

生:"急忙跑回家"特别打动我。这是动作描写,担心乡亲们在灾难来临前来不及躲避,所以急忙跑回家。这个动作表现了海力布善良的品质。

生:我找到神态描写"急得掉下眼泪",有道是男儿有泪不轻弹,他是多么为乡亲们着想啊。

师:海力布一直这么着急吗?

生:海力布后来"镇定"下来了,他知道要救出乡亲,自己首先不能慌。

生:我从"牺牲"体会到海力布愿意为了拯救乡亲们而舍弃自己的生命。我被海力布舍己救人的品质打动了。

师:除了神态、动作描写外,这两个自然段主要运用了什么描写?谁找到了?

生:我找到了语言描写。

师:海力布总共劝说了几次?他是带着怎样的心情来劝说大家的?谁能带着焦急的心情读一读"第一劝"?

师:听听看,老师讲的故事和课文中的"第一劝"有什么不同?(老师讲故事)听到这个消息,海力布心想:这怎么办啊,大山崩塌,洪水暴发,乡亲们……不行,我得赶快劝他们搬家。于是,海力布急忙跑回家对大家说:"咱们快搬到别的地方去吧,这里不能住了!"

生:加入了海力布的心理活动。

师:如果你是海力布,在听到大山崩塌、洪水来临时,你会怎么想?

生:要是我就这样告诉乡亲们,他们肯定不会相信,但是不告诉他们,他们就性命难保了。

生:山洪就要爆发了,但是我又不能跟乡亲们说,因为我会变成一座石像。但是,如果不跟他们说,那他们的性命就难保了,用我一个人的生命换回乡亲们那么多老老少少的生命,肯定是值得的。

师:根据课文内容进行想象,加入心理活动,故事讲起来就生动多了。(板书:加入心理)

师:请同学带上情绪来读一读"第二劝"。(出示"第二劝"内容:我可以发誓……)

师:我有点与你共情了,同学们听出他的心情了吗?

生:着急、急切。

师:为什么会如此急切?

生:救全村的人们啊。

师:是啊,有着乐于助人的劳动品质的海力布,又怎会置村民们的性命于不顾呢!

师:那么我们复述"第二劝",你想在哪里加一点,或者改一改?

生:我想加入海力布的心理活动和他发誓的动作。

师:这主意不错,请你来复述,最好能加上动作。你想讲的故事跟他的还有什么不同?

生:(讲故事。)

师:除了老人对海力布说了这番话,还有谁会说些什么呢?

生:海力布的母亲说:"海力布你别胡闹了,搬家这种事可不能乱说呀!"

生:海力布的朋友说:"海力布你是怎么知道的呢?让我搬家就怕老老少少的吃不消啊!"

生:海力布的叔叔站出来说:"海力布,我们这儿这么多人一起搬家,拖家带口的多不容易呀。"

师:对劳动人民来说,美好的生活来之不易,想象村民们与海力布的对话,再来讲这个故事,是不是更有吸引力了?同学们真了不起,把原来没有的情节也想象出来了,又教给了我们一个把故事讲生动的方法!(板书:补充情节)你们的复述让我进一步感受到了海力布身上淳朴善良的劳动品质。

师:海力布又是带着怎样的情绪进行"第三劝"的呢?请带着这份镇定来读一读"第三劝"。

生:(读课文。)

师:海力布做出了怎样的决定?

生:海力布为救乡亲而下定决心牺牲自己。

师:请带着你们的理解来讲一讲"第三劝"。

生:(讲故事。)

师：从你们的复述中，老师进一步感受到了海力布牺牲自我的奉献精神。这就是创造性复述，民间故事也就是在一代又一代人的创造性传讲中流传了下来。讲故事，留住文化，也是我们的一份责任。

【分析与反思】

这一教学环节，从语文素养层面去思考，教师引导学生在学习中知道创造性复述这个知识点，能够用添加情节、补充心理活动、人物语言等方式创造性地复述故事，从而收获故事在传承中发展的文化概念。这是语文的教学推进。

那么，劳动的意义又是怎样生产出来的呢？就是在创造性复述中生产出来的。学生可以讲述海力布上山打猎，联结自己的生活经验、课外知识，添补一些打猎的细节，在故事讲述中，在文字背后，在情节深处，一定有一个意义在那里。言说在，意义也在；换个角度来讲，那就是没有意义的言说是无趣的。当然学生或许还没有用言说表达意义的自觉，在言说过程中还不能清晰地去表达这个意义，但是有了教师的引导和强化，这样的意义会越来越清晰，用言说表达意义的概念也会越来越清楚。所以言说的最高端一定在于借助内容传递意义。基于这样的理解，我们也就可以解释语文学科之于劳动意义的理解和建构其实不是两件事，而是一体的。在上述片段中，就是在复述中认识、感受劳动，理解劳动。学生创造性复述海力布打猎，可以让学生认识一个勤劳的猎人形象；学生创造性复述海力布劝说乡亲们搬家，无论学生用第三人称复述，还是旁观者的角度复述，言说都必须围绕"海力布是一个善良的人，为了大家甚至可以牺牲自己的年轻人"这个意义进行。

由言说带动的意义建构是可以实现学生素养的由内而外的发展的。所以，语文学科中的劳动教育，不是简单的叠加，是融合，是渗透，是紧紧围绕"立德树人"的育人目标，必须坚守的"工具性与人文性统一"的语文学科立场。以文字为媒介，以思维为工具，表达意义，促进成长。

第四节　绘本故事的讲述中拓展劳动的全息世界

绘本故事以图文并茂为鲜明的文本呈现特点，无论是简洁的线条、丰富的色块、生动的图案，还是生动曲折的情节、有趣短小的故事和凝练明快的句子，都对低学段的儿童非常友好。文字与图示相互补充，文字不能说全处,由图案表达;图案不能尽意处,由文字说出。儿童可以直观地阅读图示感受绘本,也可以尝试挑战文字阅读、理解文本,还可以就图文的多维刺激主动展开想象,探究绘本背后的意义。所以我们认为绘本是一个绝佳的媒介,孩子可以尝试通过绘本阅读来认识一个生动的劳动世界,更重要的是可以通过讲述故事的途径来理解和建构抽象的劳动意义和劳动观念。

我们筛选绘本时发现,优秀的绘本着力于学生的生命成长,主动担起学生全面发展的任务,其中,有一部分就可以帮助学生树立正确的劳动价值观和劳动态度。绘本故事中有可以帮助学生理解劳动的多样性的,如《阿利的红斗篷》中,学生可以看到牧羊人阿利如何通过一系列复杂的劳动过程,将羊毛变成一件美丽的红斗篷。这个过程涵盖了剪毛、染色、织布、裁剪和缝制等多个环节,让学生了解到劳动不仅仅是简单的体力劳动,还包括了技术和创意的结合。有向学生展示劳动智慧和创意的,如《爷爷一定有办法》一书,爷爷通过巧妙的手艺和无尽的创意,将一块破旧的毯子变成了外套、背心、领带、手帕和纽扣。这样的故事可以让学生明白,劳动不仅仅是完成任务,更是一种创新和表达自我的方式。有指导学生享受和体验劳动乐趣的,如《小威利做家务》一书中,小野猪威利喜欢和妈妈一起做家务,他使用吸尘器、打扫卫生、收拾玩具,对妈妈做过的每一种家务都充满兴趣。这样的故事可以让学生看到劳动并不是枯燥无味的,而是充满了乐趣和成就感的。如此,我们就可以实现劳动审美的启蒙引领。有帮助学生理解劳动的社会价值的,如《南瓜汤》和《乌鸦面包店》等故事,都描绘了集体劳动的力量和劳动带来的社会效应。这些故事可以让学生明白,劳动不仅仅是个人行为,更是社会行为,每个人通过自己的劳动,都为社会的运转和进步作出了贡献。

总的来说,绘本故事是拓展学生劳动视野的绝佳工具。通过读这些故事,学生可以了解到劳动的多样性、劳动的乐趣以及劳动的社会价值;通过讲这些故事,引导他们思考劳动的意义,分享劳动的经验,进一步加深学生对劳动世界的理解和认识。

下面,我们通过对几则案例的探索来说明,教师可以如何借助讲述绘本故事融合劳动教育,促进学生的全面发展。

案例一：借绘本之力　享劳动之趣
——《阿利的红斗篷》教学片段

【案例背景】

《阿利的红斗篷》是一本很有趣的绘本故事。故事以小牧羊人阿利为主角，以简洁的图文告诉孩子做出一件斗篷，需要经历春夏秋冬，经过多道工序，经过和调皮的灰脸小羊斗智斗勇。劳动过程虽然复杂，却又充满欢乐，让人回味无穷。绘本精致童趣的画面折射出社会生活的场景，阿利则是万千劳动者的一个缩影。新时代的劳动教育应提升教育者和受教育者的劳动意识，帮助人们理解劳动是创造生活价值的工具，是实现人的全面发展和社会全面进步的有效途径。教师可以通过挖掘绘本中的劳动教育元素，借绘本独特的表达形式，让学生在轻松的阅读中，有趣的讲述中，潜移默化地认识劳动的世界，学习到基本的劳动知识和技能，树立起尊重劳动、热爱劳动的信念。

【教学片段】

师：绘本下发后，请你用自己喜欢的方式读一读故事。读完后，完成学习单，给阿利制作红斗篷的劳动过程排排序。

（教师发绘本，学生自由朗读绘本故事。）

师：绘本读完了，请你轻轻合拢绘本，把学习单放在书上面，让我们一起来交流。考考大家的记忆力：阿利做出一件红斗篷用了多长时间？

生：整整一年。

师：从春天到冬天？

生：是从春天一直到秋天。

师：你读得可真仔细！阿利从春天一直劳动到秋天，到了冬天，他终于穿上了一件新的红斗篷。

师：红斗篷的制作可不容易，不仅制作时间长，还需要好多道劳动工序呢！（指着屏幕）制作红斗篷的第一步是哪一幅图？请你上台来点给大家看。其他同学也对照学习单指一指。

师：制作红斗篷的第一步是——

生:(指图片。)

师:图中阿利在干什么呢?

生:剪羊毛。(板贴:剪羊毛)

师:制作红斗篷的第二步是——

生:(指图片)洗羊毛。(板贴:洗羊毛)

师:第三步是——

生:(指图片)梳羊毛。(板贴:梳羊毛)

师:说到这里,你的小手还举得高高的,奖励你来说一说后面的步骤,制作红斗篷的第四步是哪幅图?

生:(指图片)纺纱。

师:第五步是——

生:(指图片)织布。

师:你有不同的意见,你觉得第五步是什么?

生:我觉得第五步是熬汁染纱(指图片)。

师:同意他观点的举手。对,就是熬汁染纱。(板贴:熬汁染纱)这一步可复杂了,你知道阿利是怎么熬汁染纱的吗?

生:阿利先摘来野果子,放在锅里煮,然后把纱放在野果子熬成的汁里,染成红色。

师:原来,这就是熬汁染纱。还能继续往下说吗?

生:(指图片)阿利制作红斗篷的第六步是织布,第七步是剪布,第八步是缝布片。(板贴:织布—剪布—缝布片)

师:最后终于做出了新斗篷。(板贴:做出新斗篷)这就是制作红斗篷的八道工序。排对的小朋友给自己竖个大拇指。

师:小朋友,你们觉得这一道道工序可以调换顺序吗?

生:不能。

师:是啊,任何一道劳动工序出现差错,都无法制作出红斗篷。

师:其实,红斗篷的制作不仅要关注工序,还需要用到不同的劳动工具。(出示劳动工具图)图中的劳动工具你都认识吗?谁能上来给大家介绍一下。

生:这是剪刀。

师:剪刀的作用是什么?

生:剪东西。

师:在做斗篷的过程中,剪刀可以用来——

生:剪羊毛,剪布。

生:(指图片)这是刷子,可以刷洗羊毛。这是织布机,可以织布。这是针线,可以缝布。

师:你真厉害! 认识这么多劳动工具,看来生活中你一定是个爱劳动、会劳动的孩子!

师:这个有点儿难,生活中并不常见,认识吗? 这是"纺车"。小朋友,知道纺车是怎么工作的吗?(播放"纺车"的介绍视频)

师:这些劳动工具都认识了吗? 让我们一起念念。

师:认识了劳动工具,知道了劳动工序,现在,老师想请你也来当当勤劳的小阿利,把制作红斗篷的过程介绍给大家。请你先自己看着学习单,指着图的先后顺序,说说红斗篷的制作过程。

(学生自己练说。)

师:哪个能干小朋友愿意上台来介绍红斗篷的制作过程?

生:(指着板书)制作红斗篷的第一步是剪羊毛,第二步是……

师:他把劳动的工序介绍清楚了,很厉害。谁能向他挑战,在说的过程中,加上劳动工具,说清楚用什么劳动工具来做什么,那就更厉害了!

生:制作红斗篷第一步是用剪刀剪羊毛,第二步是……

师:谢谢你,能干的小阿利!

【分析与反思】

1. 整合资源,提高劳动认识

儿童对劳动的认识有限,对刚接触的一些劳动要素比较陌生,认知和理解起来有一定的难度,绘本中富有童趣的画面、简洁的文字,为儿童搭建起一座认识世界的桥梁。片段中教师组织学生自读绘本后,学生对斗篷制作的劳动过程有了模糊的认识,基于对低段学生思维特点的了解,单纯依靠文字,很难有序表达具体的步骤,更难以想象斗篷制作的不易。教师巧借学习单任务——"给阿利制作红斗篷的劳动过程排序",并让学生借助图片按序说名称。看似简单的一"排"一"说",学生不仅积累了"剪羊毛、洗羊毛、梳羊毛、纺纱、熬汁染纱、织布、剪布、缝布片"这些与劳动相关的词组,还在脑海中进行意义建构,文字与画面有机结合,学生的有序思维得到训练,劳动画面也变得愈发鲜活。认识劳动工具环节,"纺车"是学生的认知盲点,教师通过补充"手摇纺车纺羊毛线"的视频,学生直观了解"纺车"的工作原理,进一步培养学生劳动的兴趣,在学生心中播撒下劳动创造美好生活的种子。同时,教师也为孩子讲好故事做了铺垫。

2. 讲述故事,强化劳动体验

知识只有与学生的生活和情感产生联结,才是积极的,具有生命活力的。将语文学科与劳动教育融合,应在教学中创设情境,让学生分享自己的劳动成果,增强劳动信心。学生了解劳动工序、认识劳动工具后,教师创设情境,让学生当一回勤劳的"小阿利",将制作斗篷的过程介绍给大家听。学生从一开始借助情节说清楚劳动工序,到后来能借助句式"制作红斗篷的第一步是用_____(劳动工具)_____(劳动工序),第二步是……"说清楚用什么工具做什么,通过自己的亲身体验了解到普通物品要经过如此多的工序,才得以"炼"成。再推想,我们身边还有很多物品不都要经过这样复杂的生产过程吗? 当学生有了"知其然,知其所以然"的念头,课后或许会有更多的孩子愿意尝试用所学信息制作新的手工作品,分享劳动成果,"取长补短"的过程中,学生也获得了手工劳动的乐趣。

3. 积极评价,培养劳动情感

积极的评价贯穿于课堂教学的每一环节,能最大限度地介入学生的成长过程,直接促进学生的发展。片段中学生在认识劳动工具、介绍劳动过程时,教师以"你真厉害! 认识这么多劳动工具,看来生活中你一定是个爱劳动、会劳动的孩子!""谢谢你,勤劳的小阿利!"等用语言进行积极的评价,让学生感受到"劳动最光荣""劳动最快乐"。当然,当学生中出现不同的声音时,教师也应该给予学生更多的肯定,在课堂中潜移默化地培养学生的劳动情感。及时、科学的评价让更多的学生享受到劳动的乐趣!

童年是劳动意识初步形成的关键期,儿童好奇心强,接受能力强,行为可塑性大,在生理和心理的发展方面是自理能力和劳动习惯形成的重要时期。绘本贴近儿童生活,是儿童认识世界、奠定正确价值观的重要载体,利用绘本对儿童进行劳动教育,既激发儿童的劳动信念,同时培养儿童的劳动能力,促进其全面发展。

案例二:对比讲述体悟劳动价值
——绘本《小红母鸡》教学片段

【案例背景】

《小红母鸡》是杰里·平尼克的绘本作品,杰里作为荣获凯迪克奖最多的插画师之一,他的作品色彩丰富,人物形象惟妙惟肖,细节刻画入木三分,很适合小学低段的学生阅读。《小红母鸡》讲述了勤劳的小红母鸡无意间拾到一些种子后,通过自己的一系列劳动,把种子变成香喷喷的面包的过程。在劳动过程中,小红母鸡积极寻求邻居们的帮助,却一次次被好吃懒做的邻居们拒绝,面对一次次的碰壁,勤劳的小红母鸡没有气馁,带着小鸡们不停地劳作,最终获得香甜的面包,而懒惰的邻居们最终只能面面相觑,悻悻地离开。

在绘本中,我们能发现许多鲜明的对比:①小红母鸡整洁得体的外形,拟人化的形象和邋遢的写实派动物邻居的对比;②人物性格的对比,邻居们懒惰的回应——别找我!以及小红母鸡的勤劳坚强——那好吧,我自己动手!③双方截然不同的结局对比。这些对比都在向学生生动地述说劳动创造美好生活的意义。

因此,《小红母鸡》是一本可将劳动教育与语文学习进行融合的绘本故事,可以从故事中鲜明的对比着手,设计《小红母鸡》的对比讲述,体悟劳动意义的教学活动。

【教学片段】

师:故事发生在一片广袤的农场里,早晨,太阳出来了,小红母鸡欢呼了一声:"早上好!"又迎来忙碌的一天。

师:小红母鸡心情怎么样?

生:心情非常不错,欢呼了一声。

师:除了文字,你还可以从哪里看出小红母鸡心情不错?(展开笑颜的花儿和太阳)

师:你觉得这是一只怎么样的小红母鸡。

生:乐观、勤劳……

师:小红母鸡今天为什么而忙碌呢? 猜一猜,小红母鸡接下来会干什么呢?

生:她会弄清楚这是什么种子?

师:在路上,小红母鸡遇见了邻居们——矮棕狗、瘦灰鼠、高黑羊还有圆粉猪。这些邻居的名字有什么特点吗?

生:都是特点+颜色+动物。

师:看来作者取名字很有讲究呢! 再仔细观察图画,这些邻居和小红母鸡相比,打扮上有什么不同?

生:这些邻居看上去都脏兮兮的,没有穿衣服。

师:是的,而且好像还能闻到他们身上的臭味呢! 想一想作者为什么要区别对待呢?

生:因为绘本的主人公是小红母鸡,而邻居是配角。

师:还有别的猜测吗?

生:我觉得可能和他们的性格也有关系,母鸡特别爱干净;而这些动物比较邋遢,懒惰。

师:原来这就是主角光环,那么我们的小红母鸡是不是带着幸运的光环呢? 我们继续往下看。

师:知道了种子的用途后,小红母鸡会怎么做呢? 如果你是小红母鸡你会有什么好主意。

生:把麦粒种下去,丰收后做成香喷喷的面包。

(生边听老师讲故事,边看图画,特别要关注图画中邻居的语言。“别找我! 别找我! 也别找我!”)

师:接下来母鸡又打算怎么做呢? 她又会说些什么? 邻居们又会怎么回应她呢?

教师根据学生的猜测回答,在充满悬念和探秘中讲故事,梳理出小红母鸡的做法:自己播种、自己收麦、自己脱粒、自己搬麦子、自己烤面包。(同时在黑板上贴上相应的活动图)

师:读到这儿,你觉得这是一只怎样的小红母鸡?

生:我觉得这是一只独立自强的母鸡。

生:我觉得这是一只坚强勤劳的母鸡。

生:我觉得这是一只能干的母鸡。

师:在母鸡的努力下,香喷喷的面包烤好了,我们的故事是不是也该结束了？

生：是的。

生：还可以让邻居们眼馋一下，得到教训。

师：我们的小红母鸡有自己的打算，（师继续讲解故事）这次邻居们一个比一个积极，都大喊道："当然是我啦！"

师：孩子们，如果你是小红母鸡，你会把香喷喷的面包分给邻居们吗？

生：我觉得不会。（学生都觉得不会）

师：大家个个都是预言家，结尾和大家想象的一样漂亮！仔细观察图画（出示邻居们表情变化图），这次邻居们的表情有了什么变化？

生：有的很着急。

生：有的很难为情。

生：有的无所谓。

师：而我们的小红母鸡正欢乐地和孩子们分享着香喷喷的蘸着果酱的面包呢！真是太开心，幸福了！

【分析与反思】

如何让学生树立正确的劳动观念，唤醒学生的劳动意识？我想最合适的莫过于把"勤劳"与"懒惰"的结果毫无保留地展示给大家，在对比中强化劳动的价值，让热爱劳动的种子真正扎根于学生的心田。以上片段处处展现了"小红母鸡"和"邻居们"的鲜明对比，教师通过引导让学生自己预测故事内容，不仅激发了阅读期待，而且在一次次的对比中，强化了劳动的重要性，让学生明白只有辛勤劳动才能换来丰硕的果实。

1. 说仪表：对比中发现劳动的魔力

绘本在用形象表达意义，绘本中小红母鸡的形象与邻居们的形象有很大不同，不比较，不能生出意义，一比较，学生就会发现"懒惰"与"勤劳"可导致外貌上的区别。爱美是儿童的天性，在比较中，儿童可以很清楚地明晰自己的价值取向，要勤劳，要学会整理自己的外表，让自己美美的。读绘本前，教师让学生观察"小红母鸡"和"邻居们"的外形，然后说一说。从二者外表的对比中，学生发现小红母鸡头上戴着一顶草帽，身上披着一条围巾，展开双翅一脸自豪。而邻居们看上去都脏兮兮的，没有穿衣服，而且好像还能闻到它们身上的臭味呢！这样鲜明的对比，引起了学生强烈的探索欲，于是教师便引导学生思考这是为什么,很多学生都猜到了外形的差异来源于二者不同的性格,他们认为小红母鸡是勤劳的,而邻居们是懒惰的。

这样的对比阅读是十分重要的,这样的对比言说是有价值的,通过绘本的阅读,学生很快就验证了自己的猜测,小红母鸡非常热爱劳动,而邻居们却十分好吃懒做,在有趣的绘本中,自然地生成属于学生的价值判断:劳动会改变一个人的外在。劳动是人类社会生存和发展的基础,可以说是劳动让人脱离了"动物性",劳动创造了人类文明,仅仅通过外形的对比,学生潜移默化中了解了劳动的神奇魔力,大道至简,教师依据绘本表现特点,巧妙运用对比引导学生讲述,让劳动的深义在对比中产出:劳动能够扮靓生活,劳动能够创造美好。

2. 演角色:反复中发现劳动的魅力

绘本用反复推动情节的发展,用反复表现人物的个性。"反复"在文学作品中起到强化的表达作用,是儿童文学常用的表现手法。

"别找我! 别找我! 也别找我!"

——那好吧,我自己来种!

——那好吧,我自己动手!

——那好吧,我自己来搬!

——那好吧,我自己来烤!

绘本中面对邻居们一次次的拒绝,小红母鸡没有气馁,每一次都选择了自力更生,在一次次的劳动中,学生慢慢地喜欢上了这只小红母鸡,觉得她很了不起,能够勇敢面对困难,坚韧不拔。教师引导学生角色代入,像小红母鸡那样思考,像小红母鸡那样跟邻居交流,再反复说"自己"干的过程,学生也慢慢地发现了劳动的魅力:生活中会碰到许多问题和困难,但我们要相信自己,都可以通过劳动自己完成。

3. 说幸福:图示辅助中享受劳动的果实

"我知道谁想吃黄灿灿的烤面包!"小红母鸡说。

"当然是我啦!"矮棕狗大喊道。

"当然是我啦!"瘦灰鼠大喊道。

"当然是我啦!"高黑羊大喊道。

"当然是我啦!"圆粉猪大喊道。

"哦,不,才不是你们呢! 你们不帮我播种,不帮我脱粒,不帮我送麦子到磨坊,也不帮我烤面包"小红母鸡说。

"还是我和小鸡们吃吧!"小红母鸡咯咯笑着说。

啊,真是太开心了! 太幸福了!

这是课堂上学生绘声绘色演绎绘本的场景。故事背后的深意如何去探得,还得动一番脑筋。教师用图示辅助学生展开思考,让学生读小动物的表情图,发现小动物的心情。再在探究小动物心情的基础上,用稚嫩的童音讲述鲜明的绘本主题:懒惰最终只会一无所获,只有劳动才能创造美好,劳动的过程在此刻变得熠熠生辉。

上述案例的学习中,教师一直在关注学生"说出来",语言是思维的外衣,为让学生说好,教师引导学生借助各种思维工具走进文本。思考让言说有深度,言说则是让学生的劳动认识实现了由内而外的建构。

第五章　思维探究与劳动教育融合的
案例探索

　　劳动创造世界,创造的核心是思维。人类的文明是人类在与世界对话的过程中不断推进和发展的,而这种推进和发展的力量来自劳动。远古时代,人类为生存而劳动,在劳动中思考,慢慢改变了人类存在于大地上的方式,渐渐地直起身子,成为在大地上直立行走的智慧人类。曾经我们害怕一切自然灾害,祈求英雄救世,于是有了寄托美好愿景的一个个神话,神话是人类对大自然一切现象的神圣解释,神话也发出了人类用劳动改造大自然的美好愿景。而今天,人类曾经的诸多思考都已经成为现实。我们在劳动中认识世界,发现世界,也在劳动中改造世界,精致世界。我们倾听一切存在的声音,认识事物、概念并发现它们存在的规律,在反思中改善人与世界的关系。如果没有思维,也就没有劳动创造,没有今天的社会文明。

　　"思维能力"是语文课程核心素养的重要内容,一方面着眼未来人才的培养,语文课程需要承担起为未来培养创新型劳动者的责任,这是语文学科与劳动教育融合在思维探究层面的共同要求。另一方面,语文学科融合劳动教育侧重在劳动意义的建构。意义建构是学习走向深度的复杂的思维工程,我们甚至可以说没有思维参与的意义建构一定是肤浅的,是不能或者很少能影响学生的生命发展的。因此,语文课程与劳动教育的融合,我们可以尝试训练学生运用思维工具,在劳动意义建构的过程中促进学生思维水平的提升。

　　事越说越清,理越辩越明,在思辨中厘清劳动概念,生发劳动意义,理解劳动精神,培养劳动观念。这一章里,我们将讨论思维探究与劳动教育的融合,主要讨论学生在教师的指导下,学会使用各种思维工具去探究和发现隐秘的劳动意义。这既是语文的任务,也是为学生奠定劳动者生命底色的一条路径。我们认为学习运用思维工具可完成劳动审美的逻辑探究,能促进学生生成新时代背景下的劳动概念。

第一节　促进高阶思维探究劳动奥秘

　　中国学生发展核心素养要求学生经历教学,养成面对未来复杂社会所需要的必备品格、关键能力和正确的价值观。站在培养学生成长为一个优秀的社会主义劳动者的视野,我们的学生应该具备面对或参与各种劳动时的必备品格、关键能力和正确的价值观。高阶思维是关键能力内涵的重要元素,它可以推动学生在生命成长过程中实现更深层次的认识和理解。因此,我们认为高阶思维是学生探索劳动奥秘的一把关键钥匙。总的来说,劳动不仅是我们生存的基础,更是我们认识世界、理解生活的重要途径,当我们用高阶思维去审视劳动时,我们就可以引领学生发现整个劳动世界的智慧和哲学原理。如在教学《千人糕》时,当我们引领学生运用联系的思维去认识整个世界的时候,学生就会发现,原来整个世界是联系着的,而劳动成了让世界联系起来的主要行动。

　　本书提及的劳动教育是狭义的,不涉及劳动技能和劳动技术,只是引领学生经历丰富的语言实践,在语言实践中获得普通的劳动常识和形成正确的劳动价值观。与观念认同同等重要的是我们还需要培养学生的批判思考力。如在教学《小岛》一课时,我们引领学生关注战士们建设小岛的热情。同时也得指导学生发现战士们改造小岛恶劣环境的思维路径和方式方法。这是思维训练,其实质是影响或指导学生明确:在劳动过程中,我们难免会遇到各种问题和挑战,我们得直面问题,分析问题的本质,找到问题的根源,积极寻找有效解决问题的方案。由高阶思维的推进,学生走进文本,才会发现这个世界是一个不断被劳动改造着,创新着的社会,这终将影响学生的世界观、人生观。

　　信息科技时代,传统的、简单的、重复的劳动样式已经迭代成功,社会的进步,文明的高度发展,越来越需要有高阶思维的参与,有不断创新和改进的劳动样态。因此,我们在语文课程融合劳动教育元素进行具体实施时,要时时关注高阶思维的参与或训练。

案例一:高阶思维促进劳动意义深度建构
——《千人糕》教学片段

【案例背景】

《千人糕》是本书提及频率较高的一篇教材,它确实是一篇在语文学科中融合劳动教育的典型教材。这一案例,主要从促进学生参与高阶思维的角度去分析,如何通过高阶思维,打开一个劳动情境,思考劳动意义的深度建构。

【教学片段】

师:吃到千人糕,需要有人把米磨成粉。谁能按照刚才的句式再来说一说。

(生模仿说,师奖励"磨"字。)

师:把米磨成粉的这个人,我们一般把他叫作——

生:农民。

师:农民范围大了一点,范围小一点呢,磨粉的人,我们就叫他——

生:磨粉工。

师:那么接下来请同学挑一个词语也来说一说。

生:吃到千人糕需要有人把稻子加工成米。

师:把稻子加工成米之前需要有人种稻子,那种稻子的人我们又把他叫作什么呢——

生:农民。

师:农民也叫作——

生:粮农。

生:吃到千人糕需要有人销售千人糕。

师:是的,那销售千人糕的人我们把他叫作——

生:销售员。

生:吃到千人糕需要有人包装。

师:是的,那包装的人我们就叫他——

生:包装员。

生:吃到千人糕需要有人送货。

师:对,送货的人我们叫他——

生:送货员。

生:吃到千人糕需要有人把甜菜熬成糖。

师:那熬糖的人我们叫他——

生:熬糖工。

师:这些都是在千人糕制作过程中需要劳动者所做的事情,劳动者所做的事情,我们有一个词来概括,就是——

生:劳动。(齐读)

(学生用整齐的声音读出示的词语:磨粉、熬糖、加工、包装、送货、销售。)

师:原来吃到千人糕需要做到这么多关于劳动的事情。怪不得爸爸说——谁来当当爸爸,说一说这句话。

生:爸爸拿起面前的糕,说:"你看,一块平平常常的糕,经过很多很多人的劳动,才能摆在我们面前。"

师:听明白爸爸说什么了吗? 用自己的话来说说看,爸爸的话是什么意思?

生:面前的一块普普通通的千人糕要经过很多很多人的劳动才能摆在我们面前。

师:真是会读书的孩子,谁能用上"因为……所以……"的句式来说一说什么是千人糕。

生:因为要经过很多很多人的劳动,所以平平常常的米糕就叫千人糕。

师:刚才课前我们提了许多有价值的问题,那现在我们先来解决"千人糕的制作到底需要用到哪些工具"这个问题。我们一起走进课文一探究竟,用圆圈圈出做成千人糕所需要的材料与工具。

生:种子、农具、肥料、水、甘蔗汁、甜菜汁、稻子、火、工具、大米、糖、粉。

师:这就是做成千人糕所需要的材料和工具。那有了做成千人糕的材料和工具之后,该怎么做才能做成千人糕呢? 请去读一读课文。

【分析与反思】

以上片段教师带领着孩子们认识了千人糕的制作过程包括:磨粉、熬糖、加工、包装、送货、销售,并了解了制作千人糕需要的材料和工具,指导孩子们通过思维导图的形式了解了制作千人糕的所有过程。

1. 思维过程与认识劳动情境、劳动人民相结合

文字是一种记录思想的符号，当我们识字读文时，我们就开始认识自然、世界、社会，还有自己。上述片段中教师组织学生认识了劳动中的不同情境：大米做成糕之前要磨成粉，变成糕之后要进行包装，包装好之后要进行送货，最后进行销售。顺着劳动情景，教师适当引导，学生也认识了不同劳动情境中的人，如磨粉工、熬糖工、蔗农、菜农、包装员、送货员、销售员。它不只是简单的识字，更是对劳动人员和情境的理解。因为与平常的生活相关联，所以这样的文字也就鲜活起来，真实起来，有意义起来。

在贴好各种劳动场景之后，老师相继引导，课文的散落信息因为一张网格图联系起来了，学生马上明白了这些劳动场景中需要各种劳动人民，在积累词语的同时，也唤醒了孩子生活中关于劳动的各种记忆，为孩子播种下劳动创造美好生活的种子。

2. 思维过程与表达劳动过程相结合

思维的发生意味着主动建构的开始。如果低段的语文只是定位在认识各种事物，那思维的层次是浅层的。只有让学生主动联系、积极建构各种内容，才能促进高阶思维的发生。上述片段中，教师先出示了"磨粉、熬糖、加工、包装、送货、销售"这些词语，学生先是认读这些词语，当他们散乱地摆放在黑板上时，学生的思维是浅层的。接着老师让学生以"吃到千人糕，需要有人……"这样的句式，让学生理解磨粉、加工、销售、送货、熬糖等劳动场景，脑海中散乱的思维渐渐拼凑在一起。然后教师再进一步询问"加工稻子的人叫——粮农，销售的人叫——销售员，送货的人叫——送货员"等句式让学生明白了各种劳动场景下的劳动人员，各种词语之间的联系就更加紧密了。最后老师再让孩子把制作千人糕的材料和工具贴到黑板上之后，所有散乱的词语全部都以千人糕为中心，有条理地展现在黑板上。学生在理解词语的基础上，也认识了劳动的过程。

确实，在学生思维发生的过程中，学生完成从浅层的识字到认识劳动的过程，散落的内容一点点联系起来。孩子在表达劳动过程的同时，完成劳动意义的主动建构，孩子们的思维丰盈起来。

3. 思维过程与培植劳动情感相结合

在了解了千人糕的制作过程之后，每一位小朋友都明白了一块平平常

常的糕需要经过很多很多人的劳动,才能摆在我们面前的道理。在表达"因为……所以平平常常的米糕,应该叫千人糕"时,学生就顺其自然地加入了自己对千人糕的理解。同样的道理,我们还可以举一反三到"千人衣""千人伞"等。学生知道了这些平平常常的小物件,从产生到销售都是要经过许许多多的工序的。当最后教师指着满满一黑板的思维导图,问学生的感受时,每位学生都感受到了再小的东西制作也不容易。我们要爱惜每一个物件,不能随便浪费任何东西。这样的反馈不再是假大空,而是真正让学生明白简单的东西产生都是不简单的,在反复的询问中,思维真正发生,学生真正成长。思维的过程指向劳动,我们在儿童化的情境中慢慢培植劳动的情感。

课文学习不仅仅要了解课文内容,更要把文字背后的丰富内涵提炼出来。如上述案例中教师利用思维导图引导学生经历了一段有深度的思维过程,既认识了劳动人民、劳动场景、劳动工具等;也让劳动的内涵在学生的思维中真正具象化。汉字的起源与劳动有着非常密切的关系,基于这样的认知背景,语文课程中蕴含着劳动是必然的。劳动是社会发展的关键事件,是个体成长的必要路径。由此,我们以为,我们在阅读教学中站稳语文立场,适切关心"劳动",让高阶思维在课堂中发生是最有效的策略。

案例二:沿高阶思维之径,生成劳动精神
——《邓小平爷爷植树》教学片段

【案例背景】

《邓小平爷爷植树》是二年级下册第一单元的一篇叙事性课文。"一年之计在于春,一日之计在于晨"。在这样的季节里,儿童读课文,跟随83岁高龄的邓小平爷爷去北京天坛公园植树。因此,课文对儿童来说,不单单是个普通的故事,还得在他们心中种植春的希望。以下教学片段中,教师没有枯燥乏味的说教,仅是通过学生与文本对话,引导学生抓住关键词语品味,在由扶到放的指导中引导学生沿高阶思维之径,生成劳动精神。

【教学片段】

师：邓小平爷爷是怎么植树的呢？请大家读一读课文第 2 自然段，圈出描写邓爷爷植树动作的词语。

（学生自读课文，圈画词语。）

师：谁来分享一下圈出的词语？

生：手握铁锹、挖着树坑。

师：从这两个表示动作的词语里，你看到了一位怎样的邓爷爷？

生：认真。（教师板书：认真）

师：请你读一读文中的句子，强调这两个表示动作的字，（板书：握、挖）读出邓小平爷爷植树时的认真。

生：只见他手握铁锹，兴致勃勃地挖着树坑，额头已经满是汗珠，仍不肯休息。

师：你还从哪些词语读出邓小平爷爷植树时的认真？

生：我从"满是汗珠""仍不肯休息"中感受到邓小平爷爷的认真。他虽然累得满头大汗，但仍坚持植树，不肯休息，多么认真啊！

师：你看到了一个认认真真、一丝不苟的邓爷爷，你再读一读这句话。

生：只见他手握铁锹，兴致勃勃地挖着树坑，额头已经满是汗珠，仍不肯休息。

师：此时邓小平爷爷已经 83 岁了，是一位高龄老人，还能这样一丝不苟，真令人敬佩啊！让我们带着敬佩之情，再来认真地读一读这句话。

生：只见他手握铁锹，兴致勃勃地挖着树坑，额头已经满是汗珠，仍不肯休息。

师：读一读课文第 3 自然段，圈出描写邓爷爷植树的动词。

（学生自读课文，圈画词语。）

师：谁来分享一下圈出的动词？

生：挑选、移入、挥、填、看看、扶正。（教师板书：挑选　移入　挥　填　看看　扶正）

师：同学们再读一读第 3 自然段，读的过程中强调动词，读出邓小平爷爷植树的状态。

（学生齐读课文第 3 自然段。）

师：如果将"移入树坑"，换成"放入树坑"，可以吗？为什么？

生：不行，因为"移入树坑"更能写出邓小平爷爷放树苗时的小心。

师：邓小平爷爷为什么这么小心？

生：他怕把小树苗的根弄坏了。

生：他也许是怕把小树苗的枝条弄伤了。

师：你看到了一位什么样的邓小平爷爷？

生：做事认真。

师：请同学们想象这位老人认真植树的样子，试着有感情地读一读第3自然段的第2句话。

生：邓爷爷精心地挑选了一棵茁壮的柏树苗，小心地移入树坑，又挥锹填了几锹土。

师：你还从哪些地方读出了邓小平爷爷植树时的认真和一丝不苟？

生：我从"精心挑选"的"精心"一词中体会到邓小平爷爷挑选树苗时的认真。

师：邓爷爷挑选了一棵什么样的柏树苗？

生：茁壮的柏树苗。

师：邓爷爷为什么要挑选茁壮的柏树苗？

生：因为茁壮的柏树苗更健康，能活很久。

师：邓爷爷植树，还考虑到树能不能活得好，所以我们说邓爷爷——

生：认真。

师：还能从哪些地方读出邓小平爷爷的一丝不苟？

生：我从"仔细看看"中的"仔细"读出邓爷爷很认真，因为他种了树苗后，还仔细地看哪里没有做好。

师：你走进了邓小平爷爷的内心。

生：他还连说了两个"不行"，还有后面的感叹号，说明邓小平爷爷虽然很仔细、很小心了，但是他还是不满意。

师：标点符号也注意到了，真了不起，请你把这几句话读给大家听听！

生：他站到几步之外仔细看看，觉得不是很直，连声说："不行，不行！"他又走上前把树苗扶正。

师：请同学们想象着邓小平爷爷植树的样子，一起读一读这几句话。

（学生齐读。）

师：邓小平爷爷做这样的小事都如此认真，真是同学们的好榜样，难怪他会成为我们国家最伟大的领袖之一。他用自己的行动告诉我们，无论做什么事情,都要认真、仔细,我们要学习邓小平爷爷的这种精神。同学们知道吗? 以前有一段时间,我们国家很贫穷,很多人连饭都吃不饱,是邓小平爷爷带领我们国家的人民努力奋斗,才让我们能够吃饱饭,穿新衣,还能舒舒服服地坐在这里上课,我们都要好好感谢邓小平爷爷。请同学们带着对邓爷爷的爱戴之心,再次读一读第3自然段,赞美赞美他。

(学生齐读第3自然段。)

师:读着读着,邓爷爷已经走进了我们的心里。

【分析与反思】

以上片段教师带领学生一起品读课文第2、3自然段,教师组织学生参与了丰富的语言实践活动,抓住字词、标点,引领学生深入思考,从而感受到邓小平爷爷做事认真的态度。

1. 语词是促进高阶思维发生的支点

语言是思维的载体,话语表现的是我们的思想。语文学习的"根"和"本"就体现在语言表达能力上。教材文本的语言是有品质的,具有规范性的。作品是作家通过他的感官感知世界,并由文字表达出来。我们由文字、语言而探索作家的言说意图,这是需要下一翻思维功夫的。在教学中,教师带着学生通过品悟作家用词的准确性,在品悟词语中感受语言魅力,感受人物品质。教师聚焦"握、挖、挑选、移入、挥、填、看看、扶正"这些动词,通过对"植树"这一大动作的分解,在感受作者用词精准,描写细致的基础上,经历一番复杂的思维过程,认识了一个做事认真、一丝不苟的伟人。

2. 活动是促进高阶思维发生的起点

低年级儿童的学习过程呈现动作优先、图像优先的特点。如何促进学生学习有高阶思维的参与,我们可以巧妙设计教学活动,让活动成为促进学生高阶思维发生的起点。如上述案例中,教师设计一系列学习活动,学生读一读,圈一圈,想一想,演一演,在丰富的学习活动中,学生调动多感官全方位地参与学习过程,思维卷入学习过程,学生在实践中建构起劳动的积极意义。

3. 反思是促进高阶思维发生的着力点

国家强盛,国民生活富足。但是人们却忽略了劳动对于国家、民族、生命发展的重要意义。劳动意识逐渐淡薄的今天,我们有必要借助课文的学习,重新为学生树立生命成长的模范。邓小平是伟人,也是模范,引导学生从"邓小平为什么植树""怎样植树"的层面去深入思考,我们就可以引领孩子认识:即使是小事,也得认真做好;植树可以改造环境,劳动可以创造幸福。邓小平爷爷是在用自己的行动告诉我们努力做好每一件小事;用自己的行动教导我们用双手去改变环境,创造幸福的社会环境。

第二节　善用整体思维发现劳动价值

我们重温一个成语故事《瞎子摸象》,出自《大般涅槃经》:

"其触牙者即言象形如芦菔根,其触耳者言象如箕,其触头者言象如石,其触鼻者言象如杵,其触脚者言象如木臼,其触脊者言象如床,其触腹者言象如甕,其触尾者言象如绳。"

盲人摸象,摸到象牙的说象像大萝卜,摸到耳朵的说象像簸箕,摸到头的说象像石块……为什么这些盲人摸不到"真象",因为他们只摸到局部,没有看到整体。所以,对事物的认识我们应遵从整体到局部再到整体的原则。如识记汉字我们强调从整体到局部;阅读课文我们也遵从从整体到局部。基于整体,我们再关注各部分之间或它们之于整体的联系,才能对事物有正确的判断,对事件的发展有合理的预见。苏轼的哲理诗"不识庐山真面目,只缘身在此山中"也强调了整体对于认识事物的重要性。

整体思维强调将问题或现象视为一个整体,关注各部分之间的相互联系和相互作用。在探索劳动教育价值时,我们运用整体思维去观察、理解和发现,我们就不只是关注劳动本身,还会将劳动现象、事件放在更广阔的背景中,这样我们就会获得更深远的劳动意义。如学习《精卫填海》一文,当我们把文本放在历史长河中去思考:小小的精卫,短短的文章,为何在我们的文化传承中占据着那么重要的分量,一直是我们教材学习的经典文本? 从文化传承的大背景下,我们可以展开探究,引领学生发现精卫执着填海的行动表达的是对生命成长或社会环境的积极改造,虽然过程漫长、曲折,甚至看不到希望,但是中华民族的文明形成就在于有这样执着的精神,不气馁,不退缩。于是"精卫"的形象也就灌注了民族的精神,"精卫"的文本传承需要承担起文化传承和精神赓续的义务。从劳动视野来解读,"填海"又何尝不是一场工程浩大的劳动,社会的发展、文明的传承是以"劳动"维系的,如此,学习《精卫填海》也就可以从文字背后找到作品的内在精神。

整体思维可以让我们很好地处理"语文"与"劳动"的关系,我们在基于文本整体的语言实践中,发现并建构正确的劳动价值。

下面几则案例教师都尝试着运用整体思维,引导学生在文本学习中发现劳动的正确价值。

案例一:启动整体思维,发现劳动精神的传承价值
——《精卫填海》教学片段

【案例背景】

《精卫填海》选自《山海经·北山经》。课文非常简短,只有两句话。第一句交代了故事的主要人物及身份,即炎帝的小女儿,名叫女娃。第二句前半部分交代了故事的起因:女娃到东海游玩,不幸溺水而亡,再也没有回来,于是化为一只名叫"精卫"的鸟。后半部分是文章的重点,写了精卫常衔西山的树枝和石子来填塞东海,一心想把东海填平。故事神奇又有趣,简短但不乏精妙,使得精卫坚韧不拔、不服输、勇敢执着的形象跃然纸上,令人称赞。我们尝试着站整体立场,做整体思考,引导学生去发现蕴含于精卫形象中的劳动意义或者劳动价值。

【教学片段】

师:(出示第三个锦囊:读懂人物,理解情感)神话故事往往充满想象。读了《精卫填海》你觉得哪些地方让你觉得很神奇?

生:我觉得女娃在东海溺死了之后变成了鸟很神奇。

师:精卫长什么样?

生:这是一只很小的鸟。

生:课文中的插图中画的是一只很漂亮的鸟。

生:注释说精卫的形状像乌鸦,头上有花纹,白色的嘴,红色的脚。

师:还有哪一句你觉得很神奇?

生:常衔西山之木石,以堙于东海。

师:读一读这个句子中,这句话哪个字你最有感觉,说一说你感受到了什么?

生:堙,因为精卫每天都用小小的木石,去填无边的大海。

生：因为精卫每天都去填海，表现了精卫锲而不舍的精神。

师：是呀，精卫日复一日地都在努力填海。引读：

  春天，风和日丽，别的鸟在玩耍嬉戏，而精卫_____。

  夏天，电闪雷鸣，别的鸟躲在了窝里，而精卫_____。

  秋天，硕果飘香，别的鸟在品尝美味，而精卫_____。

  冬天，冰天雪地，别的鸟去南方过冬，而精卫_____。

师：你认识了怎样的精卫？

生：执着。

生：坚持。

生：永不放弃。

师：你想对精卫说些什么？

生：（略。）

师：我们认识了持之以恒、坚持不懈的精卫，的确，精卫也相信水滴石穿、集腋成裘、聚沙成塔、铁杵成针……这个神话故事，有起因，有经过，相信也会有一个神奇的结尾。请你为它写一个神奇的结局，给大家两分钟时间，写到语文书下面，一会儿我们交流。

生：（交流。）

师：看来大家都相信，经过精卫不懈的努力，最终会将大海填平。在生活中，在劳动中，只要坚持，一定会成为你想成为的人，做成你想做成的事，一定会收获丰硕的劳动成果。

【分析与反思】

1. 基于事件整体，品"字"读出劳动精神

在统编版教材中，好多文章都藏隐劳动主题，我们引导学生读文，也有责任帮助学生树立正确的劳动观念，给予劳动最美的价值引领。在上述片段中，老师抓住了小古文《精卫填海》中"常衔西山之木石，以堙于东海"这一句，引导学生积极探究。"常"是一种劳动状态，学生抓住这个字，发现精卫的行为是每天坚持，是夜以继日的不停歇，在深刻理解中，学生解读到这是一种持之以恒的劳动精神。"衔""堙"对于精卫来讲，是拯救自己的劳动行为，衔木石之小力量，堙东海之大范围，这两种劳动行为在我们看来有着极大的反差。老师在课堂上不停地引领学生去读，去发现，在读中把小力量化

为大志气,把大范围变为小目标,让这两种有着反差的行为因为精卫的坚持不懈而变得极为正常,劳动能够创造神奇,这也许就是《精卫填海》这个神话带给中华民族的信念。

2.基于形象整体,对话提炼劳动品质

概括是在深入理解的基础上,用凝练准确的文字把重要的意思表达出来的过程。它是我们语文思维训练的组成部分,教师可以运用概括的方法把人物身上具备的劳动品质提炼出来。在这个案例中,老师提出疑惑:"你认识了怎样的精卫? 你想对精卫说些什么?"学生在老师的引导下,通过精卫的劳动行为,发现了精卫身上持之以恒、坚持不懈的劳动品质。在我们的语文课堂上,人物形象的把握是教学设计中不可缺少的环节,在这个环节中,我们把劳动教育渗透进去,让劳动的观念在学习中逐步深入。

3.基于结构整体,言说领悟劳动意识

通过对小古文的解读,神话故事的神奇面貌展现在我们面前,而这个神奇的故事有着神奇的经过,却缺少了一个神奇的结尾,在教学中,老师将神奇的结尾留给学生,让学生展开想象创造结局。

想象是用过去的经验、先前的记忆,去解释文中之像的过程,它是语文学习的重要思维过程。上述案例中,教师巧妙抓住文本的艺术空白,引领学生展开想象,有的想象出精卫不停劳动获得了众人称赞,大家纷纷前来帮助,团结一切力量,填平了大海;有的想象出了精卫带着子孙一起填海,劳动精神代代相传;有的想象出了精卫衔完西山的木石,西山变为了一片肥沃的土地,人民来到这里生活,劳动创造幸福生活……在学生丰富的想象中,在一个个神奇的结局中,劳动意义油然而生,劳动品质深入学生的精神世界。

教育家苏霍姆林斯基曾说:"劳动是有神奇力量的民间教育学,给我们开辟了教育智慧的新源泉。这种源泉是书本教育理论所不知道的。我们深信,只有通过有汗水,有老茧和疲乏人的劳动,人的心灵才会变得敏感、温柔。通过劳动,人才具有用心灵去认识周围世界的能力。"在我们的语文教学中,抓住劳动的行为,融入劳动的品质,传承先人的劳动精神,让劳动的意识传扬在每个学生的心中,使得劳动教育在我们的学科中得到体现,崇尚劳动、热爱劳动、懂得劳动、辛勤劳动。但切莫为了劳动而割裂文本,做牵强的,或盲人摸象式的思考,放在整体的环境中,劳动的意识和价值观对于学生来讲会更有感染力。

案例二:基于整体思维,预测故事认识劳动
——绘本《阿利的红斗篷》教学片段

【案例背景】

绘本《阿利的红斗篷》讲述了主角牧羊人阿利如何制作斗篷的过程。对于三年级学生来说,《阿利的红斗篷》是一个叙述线索单一的故事,但是,在绘本的背后隐藏着劳动的智慧,而绘本中的文字、图画都饱含着与劳动相关的信息。那么在课堂教学中,教师可以如何运用整体思维融合劳动教育呢?

【教学片段】

师:(出示绘本图1)故事发生在一片美丽的大草原。阿利是一个牧羊人,他有一间舒服的房子,一顶大帽子,一根拐杖和一群胖胖的羊。读到这里,请你预测:阿利的生活怎么样? 你的依据是什么?

生:阿利很快乐,因为他有很多羊。

师:(出示绘本图2)为什么周围的人会这么说? 请你仔细看图,根据插图来猜一猜。

生:阿利很可怜,因为他的斗篷很破……

师:其实,阿利的"可怜"不只如此,(出示绘本图片3)仔细观察,你还发现了什么?

生:有羊在咬阿利的斗篷。

师:怪不得人们说——"可怜的阿利!"(板书:可怜)(板贴:阿利图片)阿利听到大家的议论,再看看自己身上的破斗篷,预测一下:他可能会怎么做?

生:他可能把羊卖掉,换一件新的斗篷。

师:把羊卖掉倒是一个办法,不过,牧羊人阿利不打算卖掉自己的羊,他要自己来做一件斗篷。阿利的斗篷是怎么制作出来的呢? 作者把他做斗篷的劳动过程都写到了绘本中。

师:(出示任务)自读绘本,完成学习单任务:给阿利制作红斗篷的劳动过程排排序。

师:咱们对照着图片,一起来交流阿利制作斗篷的过程吧!

生:先剪羊毛、洗羊毛、梳羊毛,再纺纱、熬汁染纱,接着是织布、剪布、缝布片,最后做出新斗篷。

师:(相机板贴)剪羊毛—洗羊毛—梳羊毛—纺纱—熬汁染纱—织布—剪布—缝布片—做出新斗篷。

师:请同学们思考,你们觉得这一道道工序可以调换顺序吗?为什么?

生:不能,因为劳动工作讲究顺序。

师:(出示图片)我们一起来看看在制作斗篷的过程中需要用到的劳动工具,你认识哪些呢?

生:剪刀、刷子、织布机、针线、纺车(学生回答后播放视频介绍"纺车")

师:请你再对照学习单,介绍红斗篷的制作过程。

生:制作红斗篷的第一步是用剪刀剪羊毛,第二步用清水清洗羊毛,第三步是用刷子把羊毛梳直,第四步要用纺车将羊毛纺成纱,第五步把纱放在野果子熬成的汁里染成红色,第六步是在织布机上织布,第七步用剪刀把布剪出形状,第八步将布片缝好,最后做出新的斗篷。

【分析与反思】

课堂上老师带领学生阅读这一绘本时,让学生通过"预测"这一阅读策略来读懂绘本所讲的故事,这不仅将课堂所学的阅读技能迁移到课外阅读中,还让学生结合自身生活经验,拓展了对劳动工具的认识,最后指导学生按照劳动顺序讲述阿利制作红斗篷的过程。在预测过程中整体思维发挥着重要的作用。因为预测往往要综合考虑各种因素,才可以作出事物发展的合理预见。教师引导学生用预测的方法读绘本,学生综合考虑绘本呈现的各种因素,如文字、图片、色彩、细节、劳动知识、生活经验等,既锻炼了学生的阅读思维,也带领学生读懂故事,认识劳动工具,讲述劳动过程,还潜移默化地让学生收获"劳动过程很有趣""劳动创造幸福"这一价值取向。

1.预测体验劳动情感

在上述片段中,教师在出示绘本图1,并朗读绘本中的文字后,就请学生运用阅读策略预测"阿利的生活怎么样? 你的依据是什么?"课堂上学生的回答是:"这是一个快乐的阿利,因为他有很多羊。"值得注意的是,当学生需要回答这一问题,就借以绘本所呈现的文字和图画,通过寻找信息来补充画外之话。从学生给予的答案中可以发现,在学生的认知中,阿利的快乐来源于他有很多羊。因为图文中阿利有着自己的职业——牧羊人,除了一群胖胖的羊之外,他还通过自己的努力拥有了一顶帽子、一根拐杖,此时绘本中隐含的"劳动创造美好"的背景已经隐隐在学生面前展示了。

随后,教师继续出示绘本的图片,并相继提出了"为什么周围的人会这么说? 请你仔细看图,根据插图来猜一猜。""其实,阿利的'可怜'不只如此,仔细观察,你还发现了什么?"学生通过对绘本信息的挖掘很快可以得出,阿利很"可怜",因为他的斗篷是破的,而破的原因是因为有小羊在咬。不过,教师在课堂上还可以深究的是——阿利的"可怜"是真的"可怜"吗?小羊咬阿利斗篷的时候,阿利生气吗? 联系课前学生认知的"阿利的快乐源于他有很多羊",那么不难看出阿利的"可怜"并不是真的可怜,因为小羊和阿利的感情很好,所以小羊在咬阿利斗篷时阿利是快乐的,而这一份友情的获得来自阿利辛勤的劳动。

在课堂中,教师通过提问让学生在联系图文中挖掘信息,不仅体会到阿利通过劳动创造了生活上的富足,也可以感知到劳动带给阿利精神上的快乐。

2.跳读探寻劳动工序

在教学环节的推进中,教师除了以问题引导学生关注劳动的意义之外。在课堂中还巧妙设计了一个排序练习,学生手中学习单的劳动工序被打乱,学生需要通过自主跳读绘本、发现信息,通过练习来认识制作一件斗篷的过程。这一趣味性的课堂练习,激发了学生阅读绘本的兴趣,帮助学生不断探索文本中潜在的劳动知识。此时的学习单和绘本相互补充,学生通过绘本阅读,完成学习单的过程,实际上也是对斗篷制作过程的内在化。

而值得赞扬的是,当学生在分享自己的学习成果,讲述斗篷制作顺序时,教师利用黑板贴,将这一过程以阶梯的呈现方式,贴在了黑板上:"剪羊毛—洗羊毛—梳羊毛—纺纱—熬汁染纱—织布—剪布—缝布片—做出新斗篷"。这一举措不仅将学生的学习劳动成果展示出来,给以学生激励,也将斗篷制作的工序更直观地展现出来,使得斗篷制作的劳动工序变得可视化。

而当面对这样一个可视化的工序时,教师紧接着提问:"你们觉得这一道道工序可以调换顺序吗? 为什么?"有了在课堂上完成练习时的自我内化和与同学分享学习成果的过程,再观察老师展示在黑板上的可视化工序,思维整合运作,学生很快就能回答出:"不能,劳动工序讲顺序。"

这一练习让学生将劳动工序内在化,而可视化的劳动工序图,又让学生感知到劳动工序是有逻辑的,环环相扣的教学环节本质背后的学理依据其实就是训练学生的"整体思维"。

3. 言说发现劳动意义

案例中,教师请学生再一次对照学习单,介绍红斗篷的制作过程,引导学生在介绍的过程中说明"用什么劳动工具做什么事情"。学生通过绘本的提示和生活的联系,按照可视化了的劳动工序,兴致勃勃地叙述"制作红斗篷的第一步是用剪刀剪羊毛……"学生在整体叙述斗篷制作的过程,也是自我影响的过程,在言说中明白完成一件劳动是需要很多步骤的,劳动是有规律的。

案例三:坚持整体发展,多维设计劳动课堂
——《芦花鞋》教学片段

【案例背景】

《芦花鞋》是四年级下册第六单元的一篇略读课文。文章讲述了青铜一家为了增加家庭收入,一起动手编织了一百零一双芦花鞋请青铜去镇上卖,最终青铜连同自己脚上的第一百零一双芦花鞋都卖完的纯美故事。如今学生的成长环境与作者曹文轩笔下的大麦地截然不同,但四年级的学生可以通过对课文语言的分析,理解文章的主旨,达成对"芦花鞋"美的感知。但是,课文中所渗透的劳动教育思想却不容易被学生发现。这就需要教师在语文课堂的教学中,明确劳动教学目标,针对劳动教育在教学环节设计中,多维度进行劳动教育渗透。这对于教师来讲是一个整体思维工程。

【教学片段】

师:青铜一家编织一百双芦花鞋的原因是什么?请找出相关段落,并读一读。

生:这是家里的一笔收入,一笔很重要的收入。想到这笔收入,全家人都很兴奋,觉得心里亮堂堂的,未来的日子亮堂堂的。

师:(课件出示该段落)在这一段落中,藏着小秘密,有几个词一直在重复出现,你发现了吗?重复出现的原因是什么?

生："一笔收入"一直出现。说明这笔收入很重要。

师：真会读书，是啊，通过编织芦花鞋，通过自己的劳动获得的这一笔收入对于青铜一家来说特别重要，还有别的发现吗？

生："亮堂堂"也出现了两次。

师：很棒，我们再一起来读一读这段话，记得重复的词语重读，一边读一边思考你从两个"亮堂堂"背后体会到了什么。（生读）

生：我觉得因为青铜一家知道他们可以通过制作芦花鞋来赚钱，增加收入，改变他们的生活。

师：通过自己的劳动增加收入，心里感到快乐——亮堂堂的。通过自己的劳动改变未来，日子充满希望——亮堂堂的。我们再一起来读一读这一段话。

（生读。）

师：在编织芦花鞋之前，需要做什么准备吗？请在文章中找出相关段落，读一读，再用自己的话说一说。

生：青铜和葵花要先将上等的芦花采回来。

师：说得非常简练，那怎样的芦花才是上等的芦花呢？应该怎么采呢？再读一读文章，找一找相关句子，再自己说一说。

生：毛茸茸的、蓬松松的、闪着荧光的芦花，将它们从穗上将下来。

生：头年的不要，只采当年的。那芦花很像鸭绒，看着，心里就觉得暖和。

师：青铜葵花在采摘芦花的劳动过程中，有没有什么有趣的事情？

生：葵花会跟青铜分享好的芦花，如果葵花指的那一穗是好花，他就笑眯眯的。

师：青铜笑眯眯的仅仅是因为那是一穗好芦花吗？还因为什么？

生：因为葵花学会了辨认好芦花。

生：因为好的芦花可以做出好的芦花鞋，这样可以卖一个好价钱。

生：因为葵花找到的好花，青铜很有成就感。

师：同学们说得真好。的确，在劳动的过程中，葵花有了成长，青铜有了成就感，好的收入可以带来好的未来。这一切都是源于青铜一家的劳动。

师：那么，你知道芦花鞋的编织过程吗？请你再默读文章，画出相关句子，再读一读。

生：先将上等的芦花采回来，然后再将它们均匀地搓进草绳里，再编织成鞋子。

　　师:(课件出示句子,字体强调:先、然后、再)编织芦花鞋有自己的工序,你觉得青铜家的芦花鞋漂亮吗? 文中哪些段落、句子中可以读出来?

　　生:那鞋子很厚实,像暖和的鸟窝。

　　生:文章的第7自然段都是写芦花鞋。

　　师:我们一起来读一读。(生读)

　　生:我觉得"两双鞋,在一家人手里传来传去地看个没够"也可以说明芦花鞋好看。正是因为太漂亮了,所以他们看不够啊。

　　师:是呀,美丽的芦花鞋是青铜一家人辛勤劳动的成果。你能不能用上这样的句式来说一说:这漂亮的芦花鞋与(　　　　　　　　　　)分不开。

　　生:这漂亮的芦花鞋与青铜一家勤劳的态度分不开。

　　生:这漂亮的芦花鞋与青铜家人用心制作分不开。

　　生:这漂亮的芦花鞋与青铜葵花认真选芦花分不开。

　　生:这漂亮的芦花鞋与娴熟的制作手法分不开。

　　师:是呀,这一美丽的劳动成果,再经历了辛勤的劳动后,让我们的心里亮堂堂的,让未来的日子也亮堂堂的。

【分析与反思】

　　以上片段教师围绕《芦花鞋》的第一部分带领孩子细读文本,而从教师的教学语言和评价语言中,我们可以发现,执教者在进行教学设计时,有着明确的教学目标,因而在教学环节推进的时候,通过教学语言、评价语言使得文中隐藏的"劳动"意义被不断强化。看来教师的整体思维是促进语文课程与劳动融合的极佳工具。

1.教学目标明确劳动元素

　　教师在备课时对教学目标的设计,往往决定了在课堂活动中学生的学习结果。《芦花鞋》是四年级下册第六单元的略读课文,本单元的单元要素是"学习把握长文章的主要内容。按照一定顺序把事情的过程写清楚。"本节课的学习任务是"默读课文,为每个部分列出小标题,再和同学交流印象最深刻的内容。"值得注意的是,教师在进行本节课的设计时,教学目标中增加了与"劳动"相关的新内容,"在语言品读中感悟青铜一家的劳动过程,体会劳动成果芦花鞋之美,品味劳动之乐。"正因如此,在本节课中,教师的教学活动都以教学目标为基准,围绕着"劳动"这一关键词而发生,将潜藏在字里行间的劳动元素,一点点地展示在学生面前,使得学生在面对《芦花鞋》这一文本时,有了对劳动意义的感知。

2. 教学语言引领劳动感知

明确的教学目标使得教师的教学语言在课堂上也有了明确的指向,在教学过程中,教师的教学语言中无不渗透着对学生的劳动教育,包括教师在课堂上的提问,也都针对着文本中的劳动元素。例如:"青铜一家编织一百双芦花鞋的原因是什么?""在编织芦花鞋之前,需要做什么准备吗?""那么,你知道芦花鞋编织过程吗?""能不能用上这样的句式来说一说:这漂亮的芦花鞋与(   )分不开。"仔细观照教师所提出的问题,可发现,这几个问题的背后就是帮助学生在探究青铜一家劳动的原因、劳动的准备、劳动的过程、劳动的结果。而从学生对"这漂亮的芦花鞋与(   )分不开"这一句式的回答中可见,学生已经体会到最终象征着美好的劳动成果的"芦花鞋"的产生,与青铜一家辛苦、用心的劳动过程是分不开的,学生在表达的过程中,也明白了劳动的意义。

3. 教学评价培养劳动情感

在一堂课中,如果说教学目标决定了这堂课的方向,教学语言拓宽了这堂课的广度,那么教学评价就决定了这堂课的深度。在教学过程中,教师在对学生回答的评价中,都紧紧扣着"劳动让人快乐"这正向情感,帮助学生树立正确的劳动价值观。比如,当教师问学生"从两个'亮堂堂'背后体会到了什么。"学生通过文本,能够理解青铜一家需要通过制作芦花鞋来增加收入,进而改变他们的生活。而教师在进行教学评价时,与学生对话明确"亮堂堂"的来自劳动的付出,"通过自己的劳动增加收入,心里感到快乐——亮堂堂的。通过自己的劳动改变未来,日子充满希望——亮堂堂的。"而这一评价,在学生回答完"这漂亮的芦花鞋与(   )分不开"这一问题时再次出现,这不仅将整个教学环节串联起来变得更完整,也通过这一教学评价强调了"劳动带来美好""劳动让人快乐"这一情感导向。

4. 教学实践训练劳动能力

虽然本案例仅截取了课堂教学的一个片段,但"纸上得来终觉浅,绝知此事要躬行",在基于劳动教育的目标下,语文课堂可以创造学生实践训练机会,让学生自己动手,来丰富学生对劳动的感受和理解。比如,通过学习

《芦花鞋》这一篇课文,学生通过课堂学习已经掌握了芦花鞋的制作工序,或许让学生动手制作一双芦花鞋有些难度,但可以让学生利用生活中的材料制作一双鞋子,或是塑料瓶做的拖鞋,或是纸板做的跑鞋,抑或是旧鞋翻新。在完成后,可以写一篇作文,也可以制作一张小报来介绍自己的制作工序,学生通过切身实践不仅能感受劳动的快乐,还能锻炼自己的动手能力,从而加深对劳动精神的理解。

因此,语文课程融合教育的探索,教师的整体思维是促进课堂有效的重要保障。

第三节　巧用图示思维揭秘劳动世界

图示思维是一种直观且有效的认知工具,通过图形、图表和符号等方式,将复杂的信息和概念以视觉化的形式呈现出来。图示思维可以帮助我们清晰地展开劳动世界,让我们能整体认识劳动世界;可以帮助我们清晰地呈现劳动过程,让我们能有序、有计划地完成劳动任务;让我们可以清晰地找到劳动事件的因果关联,帮助我们找到问题解决的方案……今天我们站在语文学习的立场去思考如何融合劳动教育,如何在语文学习中培养学生的劳动观念和树立正确的劳动价值观。我们仍然认为图示思维可以帮助我们走进文本世界,清晰地揭示蕴藏于文字下面的劳动元素,以利于学生积极认识劳动世界,主动建构劳动意义。

如,在学习《挑山工》一文时,我们请学生读读文本,画一画挑山工的前进路线。

当我们呈现图一的时候,图示的直观比较,促进了学生比较思维的产生:路程长了一半,为什么不走"直尺形路线",而走"折尺形路线"? 由此对挑山工的劳动智慧的欣赏也就水到渠成,简单的劳动也需要劳动智慧,也离不开劳动智慧。当学生能把文本语言转化为图二时,学生首先完成了第一件事,也就是完成了对课文的理解,读懂了挑山工的行进路线,也读懂了"折尺形"路线。最后,教师引导学生按照"折尺形"路线,根据课文的内容,说说挑山工的劳动,学生发现挑山工的劳动是单调的、重复的、枯燥的,但是他们就是这样日复一日地劳作着,他们就是这样一步一步地登着泰山,为游人带来便利,于是"坚持不懈"的劳动精神在基于图示的学习过程中可看可触摸。

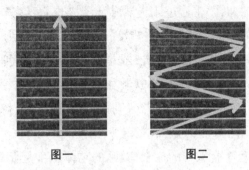

图一　　　　　　图二

这是我们基于文本学习提出的运用图示思维工具揭秘劳动世界;在言语表达层面,我们要引领学生把看到的劳动世界表达出来,表达出劳动世界的相互牵制,表达出劳动事件的前后关联,表达出劳动场景的各个元素,我们也可以用图示思维工具,让表达更有序,揭示劳动意义更清晰。

案例一:借助图表,梳理劳动过程
——《纸的发明》教学片段

【案例背景】

《纸的发明》选自统编语文教材三年级下册第三单元的一篇科普性文章。本文主要介绍了造纸术的发明过程。对于学生来说,要梳理清楚纸的改进过程是本文学习的重点。表格是整理提取文本信息的有效思维工具,它具有直观性、形象性。在课后学习提示中,编者也为学生学习提供了图示范例,因此,学习本课,我们可以利用图表厘清思路,也可以引导学生借助图表交流信息、生出意义。鲁迅先生说过:"伟大的成绩与辛勤的劳动总是成正比例的,付出的劳动越多,创造的幸福就越多。"劳动是人类幸福的源泉。中华民族更是秉承这一理念,从半坡部落、河姆渡,到夏商周文化,再到先秦两汉元明清,一项项成果无不向我们昭示劳动创造幸福的理念。而这个意义,我们可以引导学生在梳理纸的改进过程中积极发现、主动建构。图表可以直观表现纸的演变,是引导学生理解文本中蕴含的劳动意义的好方法。

【教学片段】

师:同学们请再次默读课文,圈画出造纸术发明的时间段。

— 170 —

生:我圈画了"早在几千年前"。

生:西汉时期。

生:还有"东汉时期""后来"。

(教师根据学生回答,板书:造纸方法发明以前　西汉时期　东汉时期　后来)

师:我们继续读课文,运用段落中的关键语句以及所给的时间段提示词,写出每段的段意。

(PPT 出示图表),再小组合作填一填,完成这张图表。

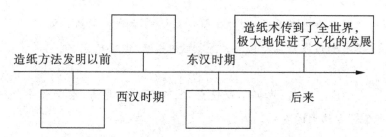

师:谁来说说看,你们是怎么填的?

生:造纸方法发明以前,人们在龟甲、竹片、木片、帛上记录文字,但是竹片木片携带不方便,帛价格太贵。

生:西汉时期,人们用麻来造纸,但是麻纸比较粗糙,不好书写。

生:东汉时期,蔡伦改进了造纸术,发明了可以大量制造、价格便宜的纸。

生:后来,我国的造纸术传到了全世界,促进了人类社会的进步和文化的发展。

(板块四:借助图表,走近蔡伦纸。)

师:谁能根据图表,说说纸的发明过程。

生:(自由言说。)

师:从图表中我们发现人们曾想过许多办法来记录文字,但最后只有纸推广开来。请再读读课文,研究研究这些记录方法的优缺点。最后说说你的发现:为什么只有纸推广开来。

(教师出示图表,学生比较阅读,小组合作尝试填表。)

时间	用什么记录	优点	不足
造纸方法发明从前	龟甲和兽骨		用刀刻、笨重
	帛	轻便	
西汉时期		便于携带	
东汉时期	纸		

师:请个小组来汇报你们的学习成果。

生:(汇报略。)

师:谁能看着板书说说:为什么蔡伦改进的造纸术传承下来了?

生:因为纸的原料容易得到,可以大量制造,价格便宜,能满足多数人的需要。

师:人们真了不起,他们不断地劳动,在劳动中思考,在劳动中改进,所以才有了那么伟大的发明。

【分析与反思】

由文本转化为图表是一种阅读方法,其中图表是推动阅读走向深度的有效思维工具。在以上片段中,老师首先让学生圈画出表示时间的词,然后利用鱼骨图让学生概括出每一自然段的段意,再利用图表让学生对比每一阶段不同的纸具有的优缺点。在此过程中,老师随机板书,最终在黑板上形成了本课的思维导图。在这个片段中,我们可以看到图表的运用,不仅厘清了思路,而且呈现出劳动让事物变得越来越好的劳动主题。

1. 图表让劳动进步更清晰

第二学段学生的思维以形象思维为主。阅读文本,提取文本信息,然后交流,图表是帮助他们理性审视提取的信息并有所发现的思维支架。鱼骨图是人们在阅读时常常会运用的思维工具,它可以很好地表现事物的发展,以及呈现推进事物发展的关键因素。上述案例中,在呈现不同时期的纸的类型时,教师很好地利用了鱼骨图。鱼骨图不仅显现出了具体的时期,还帮助学生提取了每一段的主要信息。这与本单元的单元目标"围绕一个意思把一段话写清楚"相呼应。如果教师能借助鱼骨图让学生说一说纸的演变过程,这样就既能够锻炼学生的口头表达能力,也能训练学生的思维流畅度,还能引导学生在述说演变这一漫长的过程中发现任何伟大的发明、社会的进步,都是一个漫长而又复杂的过程,都需要一代又一代人付出艰辛的劳动。劳动创造美好生活,劳动推进社会文明的发展。

2. 图表让劳动价值更直观

在板书上,老师呈现了一幅思维导图,这幅思维导图有 4 个分支,一条指向字词学习,一条指向发明过程,一条指向发明前,一条指向发明后。当这个思维导图呈现的时候,不禁感叹于容量的庞大,让人震撼。对学生来说,大面积的图文结合在一起,在视觉上是一个冲击。可直观地表现发明的时间跨度,演变过程中纸的种类之多,更震惊于发明前后影响之深远。无须过多言语,学生自然而然就明白了造纸术的价值所在,也会更加珍惜纸这来之不易的劳动成果。这比老师直接告诉学生造纸术的影响更为有效。

其次是找出不同纸的优势或者不足的那张表格的运用,当不同的纸的优缺点显现在一张表格上时,信息内容被梳理得清晰明了,学生更快掌握蔡伦纸的优点,明确劳动成果不断改进能给人们的生活带来更多的便利。劳动的价值在于创造。

3. 图表让劳动表达更流畅

著名教育学家叶圣陶曾经说过:"语文、语文,语者,口头表达;文者,书面表达。"可见,口头表达的培养是语文教学的重中之重。在这个教学片段中,笔者认为老师可以再拓展,在训练学生的口头表达能力中,强化劳动概念。如可以模仿已有鱼骨图,让学生学习表达。教师可以呈现一些被人类不断改进的事物,比如灯、衣服……教师可在课件上给出生活中常见事物的发展变化鱼骨图,让学生选择其中一个连起来说一说发展变化的过程。通过大量实际例子的呈现,既训练学生言语表达的流畅,也训练学生依托思维导图学会整理思维,同时,在言说中强化生活中的事物都是通过人们的劳动,被不断改革创新,变得越来越美好。

案例二:借思维导图发现劳动意义
——《千人糕》教学片段

【案例背景】

思维导图是一种将思维形象化的方法。通过带顺序标号的树状的结构来呈现一个思维过程,是将放射性思考具体化的过程。在小学语文学科中,利用思维导图辅助教学,可以激发学生的想象力、逻辑思维能力及创造力,让劳动的过程真实可感,带给学生劳动成果的获得感。下面我们从运用思维导图发现劳动意义的视角来分析《千人糕》一课语文学科与劳动教育的融合探索。

【教学片段】

师:刚才大家提了不少有价值的问题,我们先解决千人糕到底是由哪些材料做成的呢?一起走进课文一瞧究竟。(下边用思维导图贴图的游戏去做)(小组合作)

师:请默读课文,找找答案,把句子用横线划下来。(请生读划出来的句子)

师:千人糕用到了哪些材料?圈一圈。

生:粉。

师:粉是怎么来的呢?

生:由大米磨成粉。

师:磨粉的人我们就可以称之为?

生:磨粉工。(板贴)

师:请男女生分别朗读(磨粉工)。

师:看着这思维导图,你还想知道什么?

生:大米是怎么来的?

师:浏览课文,找一找大米的来历,并把句子用横线划下来。(指名交流)

课件出示:

大米是用农民种的稻子加工出来的,农民种稻子需要种子、农具、肥料、水……

师:大米是怎么来的呢?

生:大米是由稻谷碾成的。

师:稻子该怎么种呢?你知道吗?

生:(自由交流。)

师:你们懂得可真不少!种稻子的人我们就称为——

生:农民、粮农。(板贴)

师:种稻子过程中都会需要哪些劳动用品呢?

(学生找关键词,师补充思维导图板书。)

师:除了这些用品,还可能需要哪些劳动用品?

生：(交流。)

师：数不胜数的劳动用品，我们就用省略号来代替。

师：这么烦琐的种植过程，谁能通过朗读表现出来呢？

生：(指名读。)

师：捧起课本，我们一起来尝试一下。

生：(齐读。)

师：再看思维导图，你还特别想知道什么？

生：糖是怎么来的？

师：是个好问题，我们就走进课文，去文中找答案，并读一读。

生：(指名读。)

课件出示：

糖呢，是用甘蔗汁、甜菜汁熬出来的。甘蔗、甜菜也要有人种。熬糖的时候，要有工具，还得有火……

师：找到答案了吗？

生：用甘蔗汁、甜菜汁熬出来的。

师：甘蔗汁又从何而来？

生：先种再榨。

师：我们把种甘蔗的人称之为——(词语卡片：蔗农)

生：(读词卡，指名读——齐读)

师：甜菜汁呢？(学生交流)

师：我们把种甜菜的人叫作——(词语卡片：菜农)(男女生读)

师：甘蔗汁和甜菜汁准备好了，就进行下一步——"熬"。部首——四点底，表示"火"。熬糖的人，我们称为"熬糖工"(板贴)在熬糖的过程中除了用到火，还会用到哪些劳动工具？(学生找关键词，师补充思维导图板书)

师：这就是千人糕两种材料的制作过程，看着这满满一黑板的图示，你有什么想说的？

生：劳动很辛苦，要珍惜劳动果实；千人糕真的经历了好多人的劳动。

师：是啊，仅制作了粉和糖两种材料，便经过了这么多人的劳动，而要把千人糕搬上餐桌，需要的劳动者还远不止这些，可能还需要谁？

生：搬运工、包装员、营业员。

师：一块糕的制成，需要这么多劳动者的帮忙，这糕……

课件出示：这糕的确应该叫"千人糕"啊！

【分析反思】

以上片段教师带领着学生回顾了制作千人糕的劳动工序,认读了词语"磨粉""熬糖""加工""包装""送货""销售",并借助"吃到千人糕需要有人把米磨成粉"的句式复习劳动过程,多种形式认读词语,让学生面向生活拓展了词语的积累,同时在回顾劳动过程中,了解千人糕背后的劳动者,让学生明白劳动成果背后蕴藏着许许多多的劳动者,将学生随机生成的词卡贴到黑板上,看似无序,却把思路厘清,展现了思维的过程,带给学生劳动成果获得感,让学生在互动中见证满黑板的思维导图的诞生,直观了解劳动成果的来之不易。

1. 理思维导图认识劳动事件

对学生而言,思维导图的引入有助于学生对制作千人糕活动的快速梳理,呈现千人糕制作的结构思路图,在这一图式的引领下,学生的学习必然不会过于随意和盲目。实际教学过程中,教师为了让学生理解千人糕背后的劳动事件,设计了3个问题:制作千人糕的材料和工具;千人糕背后的劳动者;制作千人糕的工序。前两个问题通过师生问答的形式,在课堂上随机生成并板贴,向学生呈现思维导图框架。制作千人糕的工序则是通过认读词语的形式,采用同桌互学巩固字音,教师随机发放词卡来展开。在教师搭建好思维总框架的基础上,让学生以小组为单位,自主完成对劳动框架的填写。自主填写既能够使学生自主掌握对劳动信息的整理、筛选,又可以锻炼学生提炼概括的能力,有助于发展语文核心素养。

小组汇报环节,通过展示小组合作成果,展示劳动事件,同时请拿到工序词卡的学生随机上台板贴,学生在板贴劳动工序时,老师相机与之展开对话,既强化了词语的积累,也带给学生劳动成果的获得感,更在学生的心头播撒下劳动的种子。

2. 用思维导图表达劳动过程

上述片段中,教师在组织学生认读了词语"磨粉""熬糖""加工""包装""送货""销售"这些劳动工序词汇后,让学生模仿句式说说"吃到千人糕需要有人……"学生积极地发表自己的发现。学生在表达中,劳动过程在脑海中浮现,一个个简单的词语在表达中变得生动起来,结合学生的生活实践,一个个劳动过程变得生动活泼起来,此环节学生的积极性非常高涨,生命的自信在课堂中张扬。再加上老师的表扬,那份喜悦洋溢课堂。

确实,在表达劳动过程中,劳动变得那样有趣,学生也通过表达体会了劳动过程背后的辛苦。由此也引出了每一项劳动过程背后的劳动者,他们的形象也变得生动可爱起来,教师把对应的劳动者按照顺序排列,以图像的形式巩固了劳动过程,思维导图与表达劳动过程相结合,让劳动过程变得具体可感。

3. 借思维导图培植劳动情感

劳动教育的含义,具体而言就是使学生树立正确的劳动观念和劳动态度,是热爱劳动,养成劳动习惯的教育,是为促进学生德、智、体、美、劳全面发展。思维导图的展示则是把劳动的辛苦明明白白展示在了黑板上,看着满满一黑板的板贴,学生这时便对文中"一块平平常常的糕,经过很多很多人的劳动,才能摆在我们面前"这句话有了具象的认识,学生对一块普普通通的米糕制作过程中凝练的辛勤劳动有了深刻的感知,知道了劳动成果背后需要许许多多劳动者的付出,从他们一张张恍然大悟的小脸中,我们可以相信,他们对身边像米糕一样平凡的事物多了一份尊重,对劳动者多了一丝敬佩,由此培养学生自身的劳动热情和劳动积极性,促进学生健康地发展和进步。

《千人糕》是引领孩子认识劳动活动和劳动者的典型文章。上述案例,教师用思维导图,不仅厘清了学生的思路,再现了思维过程,而且清晰地展示了"千人糕"的来之不易,培植学生尊重劳动成果,成为合格劳动者的美好意识。思维导图是阅读工具,可以促进学生在阅读过程中思维的深度卷入,从而发现阅读的内在意义。在小学阶段,正是学生品格形成的关键时期,在小学语文学科教学中,除却知识的传授,更得承担起育人的重任,劳动意识的形成是育人结构非常重要的一项内容。

第四节　常用联结思维体悟劳动情感

从哲学的视野看,世界是联系着的,知识是联系着的,且有着千丝万缕的复杂的联系。给知识放置不同的联结点,知识会相互触发生成新的意义。语文课程融合劳动教育的思路,其本质就是运用了"联结"思维去思考学生生命的全面发展。

"知识是一个由相互联系的概念通过关系构成的网络。学习是为了增加对这个网络的理解,从而更好地组织这个网络,乃至促进有基础有意义的创造,而这一切的核心就是关联性思考。"(《学习、创造与使用知识:概念图促进企业和学校的学习变革》)语文课程如何让学生经历充分的语言实践,把握课文内容中的劳动元素,生成学生身心成长所需的劳动意义,我们得常用"联结思维",在学习中联系和结构丰富的知识,多维的信息,让不同的事实和概念相互碰撞生出新的意义。这样生出的新意义以学习生命体为生长点,远比教师直接告诉学生被动接收的意义有用得多。如教师教学《青蛙卖泥塘》,学到新词"吆喝",教师引导学生学习运用"联结思维":谁能提提建议青蛙应该怎样吆喝?学生很快联系到他曾经看到过的生活场景,说吆喝要大声,吆喝要学会夸产品的优点。简单的词语学习联结生活经验,既获得词语意义的理解,也明白了汉字偏旁的字理依据,还有机融合了劳动元素,"吆喝"是一种劳动状态,要想卖出商品,我们得学会大声"吆喝"。

当然联结的路径除了联结熟悉的生活外,还可以联结旧知,联结已有的经验,以及搜集相关的资料进行联结等。我们看下面几则案例是怎样运用联结思维工具,实现对劳动意义的建构的。

案例一:联结与想象达成劳动精神的体悟
——《朱德的扁担》教学片段

【案例背景】

《朱德的扁担》是二年级上册的一篇短文,课文讲的是为了坚守井冈山革命根据地,粉碎敌人的围攻,朱德同志和红军战士一起挑粮的生动故事,表现了革命领袖以身作则,与战士们同甘共苦的高贵品质。课文第2自然的"可是每次挑粮,大家都争着去。"这句话写出了战士们争相挑粮的高涨热情。"可是"承接从井冈山到茅坪去挑粮的路程长、路难走的困难,虽然困难重重,但战士们都争着去挑。"争"字表现了战士们不畏困难,不怕吃苦,勇于挑担的劳动精神。朱德同志带领战士们用劳动挑战困难,用劳动解决困境,用劳动创造美好。所以《朱德的扁担》,题目以小见大,以细微处见劳动精神,让我们看到一位与战士们同甘共苦的革命伟人的鲜活形象,课文最后三次提到"扁担",与题目相呼应,深化了劳动的内涵。那么,与二年级学生较有距离感的革命意义类课文,如何在教学中,在学生的心田播下"艰苦奋斗、同甘共苦"的劳动精神,我们必须用语文的方式,在学生的心中植入劳动的意义。

【教学片段】

课前老师安排学生寻找井冈山的资料,初步了解井冈山革命根据地的革命事件和历史故事。上课,老师揭示课题后,组织学生看图认识井冈山,再用自己搜集的资料表达图片背后的关键信息。随后,老师出示了一张井冈山当时的场景图,和孩子们一起围绕图片展开了一场对话。

师:朱德总司令没有嫌草鞋简单,扁担上的粮食重,而是和红军战士一起下山挑粮,他们走过了一条怎样的山路,在文中找一找。

课件出示:

从井冈山到茅坪,有五六十里路,山高路陡,非常难走。

师:这条路第一个特点是什么?

生:陡。

(学生认读"陡"字。)

师:说说什么样的路是陡的?

生:山路几乎和地面垂直,非常难走,很危险。

师:这条路第二特点——

生:长。有五六十里长。

师:五六十里,相当于操场走150圈,山高路陡,路程远,这条山路真的——非常难走。

师:想象一下,烈日当空时,红军战士和朱德走在这条山路上,会怎么样呢?谁能挑一句来说一说。

课件出示:

烈日当空时,红军战士和朱德走在这条山路上,会_____。

狂风暴雨时,红军战士和朱德走在这条山路上,会_____。

一路上布满荆棘时,红军战士和朱德走在这条山路上,会_____。

生:烈日当空时,红军战士和朱德走在这条山路上,会大汗淋漓。

生:狂风暴雨时,红军战士和朱德走在这条山路上,全身湿透,脚踩泥泞的山路,走一步滑一步。

生:一路上布满荆棘时,红军战士和朱德走在这条山路上,会被荆棘刺伤,艰难行走。

生:红军战士和朱德的衣裤会被划破,伤痕累累。

师:这一路上,红军战士还有可能会遇到山下的谁?

生:敌人。

师:是啊,多么危险又困难的山路啊。

生:(读句子。)

师:但是我们在图上会发现,即使走在这样山高路陡的地方,他们的脸上依旧带着微笑,为什么呢?

生:因为他们想到走过高山陡路,就能挑到粮食,满满的粮食能填饱大家的肚子,战役必然能获胜。

师:有了这样的愿望,即使山高路陡,即使粮食在肩头那么重,但每次只要遇到有挑粮的任务,红军战士和当年已经四十多岁的朱德依旧都——(争着去)

师:从这儿,我们可以看出红军战士怎样的优秀品质?

学:团结、不怕吃苦。

师:而朱德爷爷作为总司令,和红军战士一起戴斗笠、穿草鞋,和红军战士一起爬山挑粮,一起吃苦,这又是一个怎么样的人呢?

生:同甘共苦。

师:小朋友们真能干,不但会搜集资料,还能从资料中提炼有用的关键的信息。

【分析与反思】

1. 联结经验丰富文本的劳动体验

联结是阅读策略,也是阅读能力,更是阅读时的思维过程。"联结"指学生在阅读文本时,能主动、自觉地联系已知,带已知走向新知,在对话中完成学生的阅读意义建构。如何让学生体会到人物用扁担挑粮的艰难?教师巧妙抓住了文章中表现环境的句子"从井冈山到茅坪,有五六十里路,山高路陡,非常难走",引领学生从山路的特点入手,抓住"陡"和"长",带动学生带着自己的知识、经验、情感等参与课堂活动,使课堂阅读呈现意义生成的丰富性。

2. 联结资料补充文本的劳动视野

《朱德的扁担》记叙的是革命事件,但是学生初走进课文的时候,因为与自己目前的生活有距离感,缺少关于井冈山的基本认知和情感认同,无法为学生打开陌生的劳动视野。于是老师在课前安排了资料搜集,资料搜集其实质是自主学习过程。学生在资料搜集过程中初步走近井冈山，认识井冈山革命根据地，补充学生读懂课文时的知识储备，再在课堂上进行语言的输出，这既锻炼了学生的语言表达能力，也对学生进行信息筛选、整理的能力进行了锻炼。而对于劳动精神的体悟，老师是要求学生反复读文，再提供给学生言语表达的句式支架，让学生根据反复的句式，在听说读写的实践中去完成劳动精神的建构，在想象的过程中去体悟挑粮的不易，环境的艰苦，学生通过一次次的想象言说，从不同的角度，不同的层面强调和深化了艰苦奋斗、同甘共苦的劳动精神的核心价值。

案例二：巧妙结构促进劳动审美的深度
——《小岛》教学片段

【案例背景】

《小岛》是五年级上册第四单元的最后一篇课文。文本主要讲述一位将军在视察自己管辖的小岛驻军时的所见所闻，体现了小岛战士虽然生活艰苦，但是他们不怕艰苦、热爱海岛、热爱祖国的赤子之心。《小岛》是典型的爱国主义教育文章，儿童在接受爱国主义教育的时候，总是多少存在着距离感。即便是人人熟知的革命英雄，儿童总是不能顺利走进、触摸。而如果能以劳动为中间媒介，和平年代，我们的守岛士兵用劳动奉献自己的一切，用劳动筑起祖国的边防长城。让学生在劳动情境中感受战士的品质。

【教学片段】

师：预习的时候还有一个重大发现，你发现了吗？

课件出示：

课文有一条线索，是写将军（　　　　　　）的变化。

师：课文有一条线索，是写将军的什么变化？

生：心情变化。

师：是的，将军的心情可从神态中体会出来的，现在大家快速默读课文，圈出表示将军神态的关键词。（交流表示神态的词语）

生：我找到"一愣"。

课件出示：

掀开油布一角，竟露出一片绿油油的菜地。

将军不由得一愣。

假如你就是将军,当你发现菜地时,你不由得一愣,你在想些什么?

生:我会想这个地方蔬菜很难生长,这儿怎么会有蔬菜呢?

师:为什么这个地方很难生长蔬菜?

生:因为这个地方温度很高。

生:因为这里树少,草少,土也很少。

课件出示:

无边无际的大海上,有一座小岛,远远望去,像一片云在天边浮着。这里树少,草少,土也很少,却驻扎着一群海军士兵。

师:我们一起读一下,你发现了这是一个怎样的小岛?

生:这是一个树少、草少、土也很少的小岛。

师:小岛的条件十分——(艰苦)(板书:艰苦)

师:此时此刻,将军的心情如何?

生:吃惊、怀疑、纳闷

师:再接着看,当炊事员把一盘小白菜端给将军的时候,将军拒绝了,此时将军的神色如何?

生:将军的脸色马上变了。

师:如果你就是将军,当你脸色变了的时候,你的内心在想些什么?

生:我会想我留在岛上是和战士们同吃同住的,但现在给我搞特殊,这样是不对的。

师:此刻,将军的心情如何?

生:有点生气。

师:还有表示神色的词语吗?

生:凝视。

师:将军是在什么情况下凝视的?

生:当将军发现菜地的全貌竟然是中国地图的时候。

课件出示:

那一片油布已经翻开,露出了一大块菜地,那绿油油的一片,竟构成了一幅中国地图。

将军一阵沉吟,凝视着那片绿色。

师:假如你就是将军,当你发现菜地全貌竟然是中国地图的时候,你凝视着那片绿色,你在想些什么?

生:我会想这些战士们太热爱祖国了,竟然把菜地的形状设置成中国地图的形状。

师:是啊,战士们是如此热爱祖国,以至于要把菜地设计成中国地图的形状。(板书:热爱祖国)

师:此时此刻,将军的心情如何?

生:感动。

师:还有其他表示神态的词语吗?在分享菜汤环节,你找到了哪些表示神态的词语?

生:鼻子有些发酸,怔了一下。

师:还有吗?

生:眼睛一亮,鼻子又发酸。

(请生上去板书。继续交流。)

师:假如你就是将军,在分享菜汤的时候,你的心里在想些什么?

生:将军看到战士们吃的是罐头,内心非常心疼,很感动。

师:是啊,岛上的生活实在是太艰苦了,但是战士们——不怕艰苦。

师:所以将军此时此刻内心带着心疼,带着感动。甚至看到战士眼角的晶亮,忍不住想哭,都说男儿有泪不轻弹,何况是堂堂的将军,将军是被战士们的什么感动了?

生:被战士们不怕艰苦的精神感动。

生:被战士们爱国的精神感动。

【分析与反思】

以上片段教师循循善诱,引导学生从文本中找到神态描写的词语,揣摩将军的心情,又以将军为何有这种心情进行引导,让学生抓住海岛战士不怕吃苦,爱岛如家,热爱祖国的精神,从而更好地把故事讲述出来。仔细分析这个片段,我们可以发现片段里还藏着执教者的育人理念:以劳动品质为抓手,让学生理解爱国不是口号,在战士们的身上,劳动是爱国的担当与责任。

1. 爱国精神与劳动品质相结合

劳动教育的淡化促使了部分学生不会劳动,甚至是不愿劳动。但是我们知道中华传统文化一直强调"民生在勤,勤则不匮",可见劳动是非常重要的。上述教学片段中,如果单纯让学生讲述故事,学生没有体会到情感的融入,只是机械地讲述故事,会使故事和情感分离,因此在讲述故事之前一定要让学生把人物的精神体会到位。而文本主要是爱国主义的教育,如果单纯只谈热爱祖国,学生也比较难体会。因此可以把劳动品质融入课中,让学生体会,海岛生活是如此的艰难困苦,但是战士们完全没有被困难打倒,而是带来家乡的土壤,种上原本不可能生长的小白菜,战士的这种不怕艰难困苦的精神深深打动了同学们,也就更好地理解了文本想要表达的爱国主义精神。

2.爱国精神与劳动态度相结合

劳动态度是评价一个人劳动素质的重要指标,是人们对待劳动的一种态度。学生如果有积极的劳动态度对于他们的健康全面发展有着重要的意义。因此,小学阶段在提升爱国主义教育的同时也要提升劳动态度的教育。作为语文老师,在文本教学中,要学会抓住劳动元素,让学生明白劳动是可以给人带来快乐的,例如,当将军看到祖国形状的菜地时,不光将军被震撼到了,老师、同学也被震撼到了,此刻,如果教师能够引导学生:战士们为什么要把菜地设计成祖国的形状? 学生马上能够联想到因为战士们对祖国充满了深深的爱。教师进一步引导:战士们在设计的时候是带着怎样的心情? 学生能够想到是兴奋的、激动的,因为能够在贫瘠的土壤中种出小白菜,这种成就感是非常自豪的。

3.爱国教育与培植劳动情感相结合

生活处处是语文,在语文的课堂教学中我们要与生活实际相联系,通过具体的劳动例子来帮助学生树立良好的劳动情感。"以辛勤劳动为荣,以好逸恶劳为耻"是社会主义荣辱观中的重要内容,可见有良好的劳动情感非常重要。因此,在《小岛》一文中,我们可以挖掘战士们努力种植小白菜,守卫海岛,辛勤戍边的精神,将军不搞特殊,与战士共同吃苦的精神也同样值得学习。结合笔者学校的树尚良垦基地,每个班级都有种植蔬菜,如种植了小白菜,从松土开始,播种,施肥,养护每天都要认真照看,学生明白劳动的辛苦,同时也懂得付出劳动必有收获,萌生劳动让生活更充实的积极情感。

这里,我们只取其中一个片段进行分析,课文的重点是进行文章的复述,不过作为执教者我们不应该仅仅看到复述故事一个内容,而应该让复述实现水到渠成,在爱国主义教育的同时联结劳动教育,让劳动担起爱国的责任。

参考文献

[1]中华人民共和国教育部.语文课程标准(2022年版)[M].北京:北京师范大学出版社,2022.

[2]夏丏尊,叶圣陶.文章讲话[M].郑州:文心出版社,2016.

[3]约瑟夫.D.诺瓦克.学习、创造与使用知识 概念图促进企业和学校的学习变革[M].赵国庆,吴金闪,唐京京,等,译.北京:人民邮电出版社,2016.

[4]曾天山,顾建军.劳动教育论[M].北京:教育科学出版社,2020.

[5]朱光潜.谈美书简[M].北京:中国青年出版社,2014.

[6]彭迪.重视劳动审美[J].美术观察,2007(5):5-6.

[7]洪凤桐.劳动的审美与劳动美学[J].中国工运学院学报,1992,6(2):55-60.

[8]本刊编辑部.以劳育美:劳动审美的教育启示[J].福建教育,2021(38):1.

[9]张子程.人类的审美出路在于异化劳动的积极扬弃:马克思《1844年经济学哲学手稿》生态美学思想诠释[J].社科纵横,2020,35(11):25-29.

[10]冯烨.试论劳动创造美与劳动者审美活动[J].中国劳动关系学院学报,2013,27(5):92-94.

[11]董志刚.劳动与审美:马克思、海德格尔和杜威的劳动美学[J].南京社会科学,2017(2):60-65,82.

[12]陈大超.论劳动的审美价值和美育功效:苏霍姆林斯基美育思想侧面剖析[J].教育科学研究,1986(1):49-55.

[13]王向峰.劳动实践与审美对象的确证:解读蒋孔阳先生关于美的规律的论述[J].锦州师范学院学报(哲学社会科学版),2001(1):10-15.